D1386999

Alfred Ducharme

L'EUCHARISTIE
AMOUR INFINI

MÉDIASPAUL

Les Éditions Médiaspaul remercient le ministère du Patrimoine canadien, le Conseil des Arts du Canada et la Société de développement des entreprises culturelles du Québec (SODEC) pour le soutien qui leur est accordé dans le cadre des Programmes d'aide à l'édition.

Données de catalogage avant publication (Canada)

Ducharme, Alfred

    L'Eucharistie Amour infini

    (Sève nouvelle: 78)
    Comprend des réf. bibliogr.

    ISBN 2-89420-423-X

    1. Eucharistie. 2. Dernière Cène. 3. Pâque dans la Bible.
4. Repas dans la Bible. 5. Alliance (Théologie) — Enseignement
biblique. 6. Eucharistie — Méditations. I. Titre. II. Collection.

BV825.2.D82 2000   234'.163   C00-941086-4

Composition et mise en page: *Médiaspaul*

Illustration de la couverture: *La Dernière Cène* de Andrea del Sarto. Florence.

Maquette de la couverture: *Summum Grafix Studio*

ISBN 2-89420-423-X

Dépôt légal — 3e trimestre 2000
Bibliothèque nationale du Québec
Bibliothèque nationale du Canada

© 2000 Médiaspaul
        3965, boul. Henri-Bourassa Est
        Montréal, QC, H1H 1L1 (Canada)
        www.mediaspaul.qc.ca
        mediaspaul@mediaspaul.qc.ca

        Médiaspaul
        8, rue Madame
        75006 Paris (France)

L'EUCHARISTIE

L'unique sacrifice du Christ
rendu sacramentellement présent
sur toute la terre et au milieu de tous les peuples
par l'Eucharistie
est absolument la seule route
par laquelle les êtres humains
peuvent entrer en communion avec Dieu
et vivre un jour dans sa gloire.
Et ce sacrifice où le Christ nous prend dans sa vie
pour nous emporter dans sa montée vers le Père
est une initiative toute gratuite de Dieu
qui déploie son amour sur tous les êtres humains.

AVANT-PROPOS

Dans l'encyclique *Fides et Ratio,* le pape Jean-Paul II écrit: «La "règle suprême de la foi" (*Dei Verbum* 21) lui vient de l'unité que l'Esprit a réalisée entre la sainte Tradition, la sainte Écriture et le Magistère de l'Église, en une réciprocité telle que les trois ne peuvent pas subsister de manière indépendante.» (n° 55) Au cours des siècles, la théologie et l'exégèse ont parfois exercé un pouvoir qui étouffait la croissance de la Tradition spirituelle au lieu de la nourrir. La réciprocité entre les trois sources ne jouait pas. L'unité entre la foi révélée et la foi vécue en souffrait.

C'est pourtant la Tradition vivante qui réalise l'unité spirituelle, car c'est dans les personnes que l'Esprit agit actuellement. La sainte Écriture, c'est la révélation de Dieu transmise par la parole écrite. Les exégètes l'analysent et la critiquent pour en découvrir le sens exact. Le Magistère, c'est le pouvoir d'enseigner confié à l'Église par le Christ. Il s'exerce collégialement par le Pape et les évêques. La nature de cette collégialité est encore

mal définie, mais elle doit avoir un lien avec la Tradition vivante (le *sensus fidelium*), si l'Esprit agit dans les
cœurs[1]. La sainte Tradition, c'est le bouillonnement de
vie dans le cœur des humains, peuple chrétien qui vit
dans la communion de l'Esprit. Le cardinal Martini en
parle ainsi: «C'est un phénomène complexe qui comprend en une unité organique paroles, gestes, attitudes
spirituelles, précisions dogmatiques et pastorales. Grâce
à la Tradition, toute la communauté chrétienne assistée
par l'Esprit Saint [...] part de l'Écriture, [...] écoute tout
au long des siècles la Parole de Dieu; [...] elle la célèbre, la prie, la défend contre les interprétations erronées,
la rend vivante et efficace au sein des situations humaines toujours nouvelles, et la proclame dans l'aujourd'hui
de chaque époque[2].» L'insistance mise sur la théologie
et sur l'exégèse étouffait parfois la richesse spirituelle
de la Tradition vivante. Pourtant, c'est la Tradition, transmise par le peuple chrétien comme un mémorial, qui
effectue, sous l'action de l'Esprit Saint, l'unité vitale qui
met en réciprocité les trois sources de la foi.

C'est cette Tradition vivante que je veux recueillir.
Sans négliger le donné scripturaire et le Magistère, j'in-

---

[1] Le père E. Schillebeeckx semble placer cette collégialité dans la communion spirituelle qui lie le Pape, les évêques et les fidèles. Selon lui en
effet, «ceux qui sont les juges de nos interprétations de la foi», ce sont
«l'épiscopat mondial en union de foi avec le Pape, vivant eux-mêmes en
communion avec toute la communauté ecclésiale, de l'évangile du Christ».
E. Schillebeeckx, *La présence du Christ dans l'eucharistie,* Paris, Cerf,
1970, p. 150.

[2] Carlo M. Martini, *Petit dictionnaire de spiritualité,* Suisse, Éd. Saint-
Augustin, 1999, p. 175.

sisterai sur la vie qui est véhiculée par l'Eucharistie. L'Eucharistie est l'axe vital de l'histoire de l'univers. Cet axe trouve son départ dans le regard du créateur qui, à l'aube des temps, a déjà en vue comme terme de la création le Christ glorieux; il coïncide avec la vie terrestre du Christ et débouche sur sa mort et sa résurrection, puis se poursuit sur le sacrement eucharistique qui rend cette mort-résurrection présente dans tous les temps et tous les lieux[3]. Il ne faut pas s'étonner alors si certaines parties de mon texte prennent l'allure d'une prière. Il est bon de l'aborder moins comme un objet d'étude que comme le départ d'une envolée vivante vers Dieu.

Notre route

Nous aborderons trois thèmes: l'Eucharistie, sacrifice de la Pâque; l'Eucharistie et la Nouvelle Alliance; l'Eucharistie, repas du Seigneur. Pour approfondir chacun de ces trois thèmes: Pâque, Alliance et repas, nous partirons de l'Ancien Testament. À la lumière des figures de l'Eucharistie, nous chercherons à découvrir les attitudes que Yahvé voulait créer dans les cœurs des Hébreux. Nous demanderons alors à Dieu de susciter en nous les mêmes attitudes intérieures. Celles-ci devraient

---

[3] Les textes de Vatican II nous rappellent huit fois que l'Eucharistie est le centre de la vie chrétienne. Voir la Constitution sur la Liturgie, n° 41; la Constitution Dogmatique sur l'Église, art. 11; le Décret sur le ministère des prêtres, art. 2, 5 et 6; le Décret sur la charge pastorale des évêques, art. 30; le Décret sur l'œcuménisme, art. 15 et l'Instruction *Eucharisticum Mysterium*, n° 3, 6.

nous préparer à accueillir la pleine révélation du mystère que le Christ réalise au sein de son peuple. Nous nous trouverons alors plongés dans l'amour et la communion qui nous accordent avec le projet créateur de Dieu, notre Père. Nous porterons enfin notre regard sur la lumière nouvelle que ce mystère projette sur nos vies actuelles.

* * *

L'Eucharistie-annoncée, ce sont des événements de la vie du peuple juif qui disposent son cœur à l'accueil du mystère du Christ;

L'Eucharistie-événement, c'est la pleine réalisation de la promesse dans le mystère de la mort et de la résurrection du Christ;

L'Eucharistie-sacrement, enfin, c'est la réalisation quotidienne de l'entrée du peuple chrétien dans la communion du corps mystique.

* * *

INTRODUCTION

Le père Teilhard de Chardin écrit: «L'amour est la plus universelle, la plus formidable, et la plus mystérieuse des énergies cosmiques.» De fait, l'amour est l'axe dynamique autour duquel s'articule le déroulement de l'histoire de l'univers et des hommes. C'est aussi l'amour qui lui donne un sens et commande son évolution. Or cet axe débouche sur l'Eucharistie et conduit l'univers dans le sein de Dieu.

La gloire de Dieu

«Dieu est Amour», répète saint Jean (1 Jn 4, 8. 16), et «Dieu est Esprit.» (Jn 4, 24) Or l'amour est don (1 Jn 4, 10) et l'Esprit est communion dans l'unité. Nous adressons nos demandes au Père, par Jésus Christ, son Fils, qui vit et règne avec lui dans *l'unité du Saint-Esprit*. Éternellement, le Père engendre son Fils unique, le Verbe. Il est éternellement *se donnant* au Fils dans un engendrement éternel. Le Verbe, image parfaite du Père

(Col 1, 15) est éternellement *don de soi* au Père. Il est «tourné vers Dieu» (Jn 1, 1). Le don mutuel du Père et du Fils est une communion si intime qu'ils sont un seul Dieu. Cette communion dans l'être est Esprit. Éternellement Dieu est Père, Fils et Esprit. Dieu est trois personnes parce qu'il est Amour et que l'amour est relation de personnes.

La sainteté de Dieu est la plénitude de son Être. Elle est la Vérité et la Splendeur de la vie trinitaire subsistant éternellement. Elle est un amour qui engendre éternellement. Or le propre de l'amour est de se donner totalement au point de communier totalement avec son don. L'amour de Dieu s'est exprimé «en dehors de lui» dans la création des anges, de notre univers et, peut-être, de multiples autres façons que nous ne connaissons pas.

Les innombrables rayons qui émanent du soleil proclament sa gloire. De même le rayonnement de la sainteté de Dieu chante sa gloire. Elle est constituée des multiples expressions de la vie trinitaire «en dehors» d'elle-même. Elle est le halo de l'amour trinitaire rayonnant la sainteté de Dieu ou encore l'ensemble des manifestations de l'amour émanant de Dieu.

L'histoire de l'univers est une expression de la Trinité dans la matière, «étalée» dans le temps et l'espace. C'est pourquoi l'axe du déroulement de l'univers dans le temps et de son histoire est nécessairement Amour et Communion. D'un même souffle, Dieu se donne et unit. Cet axe traverse le cœur du Christ et débouche dans l'Eucharistie qui prépare l'entrée de l'univers dans la gloire du Père par le Fils et l'Esprit.

Le temps de la création

Il y a quinze milliards d'années, dans un néant de temps et dans le grand «Boum» initial, le Père amorce l'engendrement du monde. C'est le premier cri de l'univers qui gémit dans les douleurs de l'enfantement (Rm 8, 22). En créant le monde, Dieu avait déjà en vue son Fils, le Verbe incarné. «En lui, tout a été créé.» (Col 1, 16) «Tout fut par lui, et rien de ce qui fut ne fut sans lui.» (Jn 1, 3) Dès ce moment, l'Esprit qui «planait au-dessus des eaux» (Gn 1, 2) manifeste son action unificatrice. Ce sont d'abord ces forces magnétiques, électriques, gravitationnelles qui rapprochent et soudent les particules, quarks et leptons, puis les atomes et les molécules, pour constituer peu à peu les étoiles, les planètes, puis les organismes, les animaux et les êtres humains. Ce sont les premières manifestations du souffle de l'Esprit dans le monde matériel.

Le temps de l'incarnation

L'amour poursuit son œuvre créatrice dans l'incarnation. Il y a deux mille ans, quand le monde est prêt à l'accueillir, le Verbe s'incarne; il «assume» l'univers. Il fait du monde son propre corps. Il ne s'est pas fait homme ou tel homme; saint Jean dit: «il s'est fait chair» (Jn 1, 14). Puisque la Parole toute-puissante du Père s'est exprimée en créant le monde matériel, le Verbe, expression du Père, doit être présent dans ce monde. Le Fils de

Dieu se rend solidaire de l'humanité et assume, par elle, dans le temps, l'univers dont il fait son corps[1].

Le temps de la glorification

Le retour du Christ dans la gloire du Père conduit à son achèvement l'action de la Trinité dans le monde. Dans sa mort, le Christ s'abandonne totalement à son Père (Lc 23, 46); l'Esprit le «rétablit» dans la gloire du Père avec le pouvoir de nous associer à sa propre gloire (1 Co 15, 20-21). Il le ressuscite «avec puissance». Cette puissance du Christ est «retenue» pour que l'histoire se poursuive. Mais déjà l'Eucharistie réalise sacramentellement ce mystère en nous (Rm 8, 18-25).

---

[1] Germain Leblond écrit: «La nature humaine du Christ est en un sens la nature "commune" de l'humanité, en appel à toute personne humaine.» *L'agneau de la Pâque éternelle*, Paris, Desclée, 1987, p. 117. Saint Thomas d'Aquin rappelle que la nature humaine du Christ n'est pas «personnalisée» par une personne humaine. La Personne divine du Verbe est infinie; une personnalité humaine limitée ne peut coexister avec elle (*Somme Théol.* IIIa. qu. 2, a.2, ad 3).

Chapitre 1

L'EUCHARISTIE ANNONCÉE

Crée en moi, Seigneur, les sentiments et les attitudes que tu as voulu susciter dans le cœur des Hébreux pour les acheminer vers la pleine révélation de ton mystère. Ouvre mon cœur pour que j'écoute ce que tu veux me dire par la longue histoire du peuple juif.

Les figures de l'Eucharistie

En rassemblant dans une même communion de foi le clan d'Abram, Yahvé prépare un peuple pour accueillir la révélation de son amour. Il se donne une communauté qui deviendra le corps eucharistique de son fils. Les expériences vécues par les Hébreux leur ont appris à goûter l'intimité de Dieu. Elles ont creusé en eux la conscience de dépendre de son amour et de sa fidélité tenace. Elles ont fait jaillir aussi en eux l'attente d'un Messie qui préparera leur mystérieuse rencontre avec Yahvé. Ces expériences sont des signes par lesquels Dieu s'engage à combler leur désir profond; elles sont, en un sens, de pâles figures de l'Eucharistie à venir.

Le cheminement du peuple juif (Gn 12, 1-5)

L'Ancien Testament nous raconte le cheminement du peuple hébreu en marche à la rencontre du Messie. Une longue et patiente pédagogie de Yahvé le prépare à accueillir le Christ et à devenir un jour son Église. Abram vivait avec son clan semi-nomade au-delà de l'Euphrate[1], au milieu de tribus polythéistes. Yahvé illumine le cœur d'Abram et se révèle à lui comme le Dieu unique, maître de l'univers. Abram partage son expérience de foi avec son clan, qui adhère à sa croyance. Pour rester fidèle à cette foi, menacée par ses voisins, Abram reçoit l'inspiration de traverser l'Euphrate: «Pars de ton pays, de ta famille et de la maison de ton père vers le pays que je te ferai voir. Je ferai de toi une grande nation et je te bénirai.» (Gn 12, 1-4) Tout cela se passait au deuxième millénaire avant Jésus Christ. Abram obéit à Yahvé; il devient Abraham, «le père d'une multitude», le père des croyants au seul Dieu. Puis, c'est le long cheminement du peuple: son expérience de Dieu rencontré dans le cosmos, dans les conditions particulières de sa vie et dans son cheminement même; c'est l'esclavage en Égypte, la longue marche dans le désert, l'Alliance que Yahvé conclut avec son peuple, l'exil, Babylone, le retour d'Israël dans son pays, la construction du temple.

---

[1] «Au-delà» se dit en hébreu «Eber». De là, le nom des Hébreux: c'est le peuple qui vient d'au-delà de l'Euphrate.

Tout ce long périple devait approfondir et purifier la foi du peuple, le préparer à accueillir le Christ et à devenir le peuple de Dieu, l'Église.

Le sommet de la révélation et de l'histoire du monde, c'est la mort-résurrection du Christ. C'est pourquoi à travers ce long cheminement du peuple juif, Yahvé lui fait vivre des expériences qui le préparent à accueillir le mystère de l'Eucharistie. Le peuple juif se transmet cette expérience par des récits mythiques. Peu à peu, il exprime dans des rites et des gestes symboliques son aspiration à entrer en communion avec le Dieu de son expérience. Ce sont des signes, des figures qui déjà anticipent l'Eucharistie. Ces figures, bien qu'inefficaces, annoncent le mystère que le Christ réalisera par sa mort et sa résurrection. Le sacrifice du Christ transformera les hommes, leur histoire et tout l'univers. Le peuple juif, conduit par l'amour de Yahvé, effectue une montée vers lui. Je signale quelques-unes de ces figures qui annoncent l'Eucharistie.

La Pâque (Ex 12, 1-11)

La Pâque primitive, enrichie lors de l'exode d'une signification nouvelle, a constitué très tôt un rite sacré qui a accompagné le peuple juif tout au long de son histoire. C'est la plus importante figure de l'Eucharistie. Ce rite connaîtra sa réalisation dans la Pâque du Christ, l'Eucharistie.

Le sacrifice de Melchisédech (Gn 14, 17-20)

Après la victoire d'Abraham sur ses ennemis, Melchisédech, roi de Salem — qui n'est pas un sémite —, offre un sacrifice de pain et de vin au Dieu maître de l'univers. Fauste de Riez écrit: «Par cette offrande du pain et du vin, Melchisédech a préfiguré le sacrifice du Christ dont le prophète déclare: "Tu es prêtre pour toujours à la manière de Melchisédech".» (Ps 110, 4) L'épître aux Hébreux revient sur ce thème: He 7, 1-3. 5. 6-21. Il y a beaucoup de controverse sur ce rapprochement du Christ et de Melchisédech[2]. On admet cependant que l'acte historique de Melchisédech est un type du don eucharistique par sa sollicitude paternelle à l'égard d'Abraham et de son peuple.

Le sang sacrificiel

Chez beaucoup de peuples, le sang d'une victime est offert en sacrifice à une divinité dans un culte sacré. Cette immolation d'un être vivant exprime une attitude religieuse fondamentale: l'action de grâce pour les bienfaits reçus, une intercession en vue d'obtenir de nouvelles faveurs ou encore l'aveu de ses fautes et son besoin de pardon.

Pour l'Hébreu, le sang est le principe de la vie ou la vie elle-même: «Car la vie de toute créature, c'est son

---

[2] Certains exégètes mettent en doute l'historicité du chapitre 14 de la Genèse. On ne sait rien sur l'origine, l'existence et la mort de Melchisédech.

sang, tant qu'elle est en vie» (Lv 17, 14); «Tiens ferme à ne pas manger le sang car le sang, c'est la vie, et tu ne mangeras pas la vie avec la viande[3].» (Dt 12, 23)

Avant l'Alliance, chez les Hébreux, le sacrifice était offert par le chef de la famille; après, par le prêtre de la tribu de Lévi. Il incluait l'aspersion du peuple avec le sang. L'élément expiatoire dominait. Le peuple regrettait son péché et Yahvé pardonnait. Dans l'Ancien Testament, il n'y a aucune référence claire au «sang de la Nouvelle Alliance». Pourtant, Yahvé promet d'établir par l'activité de son serviteur une Alliance eschatologique. Or toute Alliance était alors scellée avec le sang (Ex 24, 4-8; He 9, 19-22). On peut alors dire que le sang préfigure l'Alliance nouvelle annoncée par Isaïe et Jérémie (Jr 31, 31-34). C'est ainsi que le sang sacrificiel de la loi ancienne est présenté comme un type du sang de la Nouvelle Alliance. Le Nouveau Testament révèle le Christ comme le serviteur de Yahvé (Ebed Yahvé) (Is 42, 1-7; 49, 1-7; 50, 4-11; 52, 13—53, 12). Son sang est le sang de la Nouvelle Alliance (He 10, 1-10. 11-14).

Les repas sacrés

Pour des nomades, un repas, c'est une fête, c'est l'abondance et c'est aussi un rassemblement qui repose de l'isolement et de l'errance. Tout événement heureux, comme le sont un traité ou une Alliance, est alors souli-

---

[3] Encore aujourd'hui, la nourriture kasher que mangent les Juifs est soumise à certains rites dans sa préparation. Entre autres, on saigne la viande des animaux de boucherie.

gné par un banquet. À la conclusion de l'Alliance du Sinaï, un banquet sacré réunit Moïse, Aaron, Nadab, Abihu et 70 anciens en présence de Yahvé (Ex 24, 9-11). Beaucoup de références attestent l'existence de repas sacrés accompagnant un sacrifice. Laban et Jacob scellent un traité d'amitié par un sacrifice; ensuite «Jacob invita ses frères au repas; ils mangèrent le repas et passèrent la nuit sur la montagne.» (Gn 31, 54) En reconnaissance pour ce que Yahvé a fait pour son peuple, Moïse et Jéthro «offrent un sacrifice puis Aaron et tous les anciens d'Israël vinrent manger le repas devant Dieu avec le beau-père de Moïse.» (Ex 18, 12; voir aussi: 1 S 9, 12-14; Os 8, 13; Am 2, 8)

La manducation symbolise l'union d'Israël avec Yahvé. Le banquet est lié à l'espérance messianique: il éveille l'idée d'un banquet eschatologique qui unira Israël au Messie. «Les humbles mangent à satiété.» (Ps 22, 27) «Devant moi tu dresses une table face à mes adversaires.» (Ps 23, 5) Les caractères de ce banquet sont précisés (Is 25, 6; 55, 1-3; 65, 11-14). Qumrân décrit le repas dans la loi de la Congrégation. Il prend place sur la montagne de Yahvé (Is 25, 6) ou au temple. C'est un repas nuptial scellant l'Alliance eschatologique entre Yahvé et le peuple (Ct 5, 1). Il est lié au fils de l'homme. Il transcende les banquets de la loi ancienne (Ct 5, 1; Is 55, 1. 3). Il est universel et destiné à tous les hommes (Is 25, 6).

La manne céleste (Ex 16)

La manne n'a rien de miraculeux. En juin-juillet, pour se nourrir, des pucerons piquent l'écorce d'un arbuste, le tamaris. Par les trous, la sève jaillit et se solidifie au contact de l'air. Cette manne au goût de miel arrive à point pour les Hébreux affamés dans le désert. Les Hébreux y voient un signe de la fidélité de Yahvé et de l'efficacité de la Parole de Dieu (Dt 8, 2-3; Sg 16, 20-26). La Parole de Yahvé est une nourriture supérieure à la nourriture matérielle (Ez 3, 3; Jn 4, 34; Jn 6, 26-50; Am 8, 11; Jr 15, 16). Elle est créatrice: «Comme descend la pluie ou la neige, du haut des cieux, et comme elle ne retourne pas là-haut sans avoir saturé la terre, sans l'avoir fait enfanter et bourgeonner, sans avoir donné la semence au semeur et la nourriture à celui qui mange, ainsi se comporte ma Parole du moment qu'elle sort de ma bouche: elle ne retourne pas vers moi sans résultat, sans avoir exécuté ce qui me plaît et fait aboutir ce pour quoi je l'avais envoyée.» (Is 55, 10-11) La vie nouvelle est plus qu'une simple vie terrestre nourrie par la manne. C'est la vie éternelle promise; elle naît de la Parole de Yahvé.

Rien dans l'Ancien Testament ne permet d'annoncer une manne supérieure promise par Dieu et distincte de la Parole de Dieu. Jésus le fera (Jn 6). Par contre, la tradition associe manne et Messie.

Le pain d'offrande de la loi ancienne

Le Christ s'est appelé lui-même «le pain descendu du ciel». Cyrille d'Alexandrie cherche alors dans l'Ancien Testament s'il y a une figure du Christ rattachée au pain. Il dit: «Il est écrit au livre des Nombres: Le Seigneur parla à Moïse et il lui dit: "Parle aux enfants d'Israël et dis-leur: quand vous serez entrés au pays où je vous conduis et quand vous mangerez du pain de ce pays, prélevez pour le Seigneur les prémices de votre huche. Mettez à part un pain... Vous le donnerez au Seigneur comme prémices de votre huche."» (Nb 15, 17-21) Et il applique cette coutume au Christ. «La loi annonçait ce vrai pain qui descend du ciel, c'est-à-dire le Christ qui donne la vie au monde. Voyez en effet comment, devenu homme comme nous en prenant notre ressemblance, il s'est offert à Dieu le Père, comme les prémices de notre huche, ainsi qu'il est écrit, il s'est montré *le premier-né d'entre les morts* (Col 1, 18) et les prémices de la résurrection en montant au ciel.» (P.G. 73, 572)

La prophétie de Malachie (Ml 1, 6-13)

Après la captivité de Babylone, poussé par Aggée et Zacharie, le peuple reconstruit le temple. En 515, un culte solennel en célèbre la dédicace. Cinquante ans plus tard, le peuple est déçu. Les grandes prophéties ne se sont pas réalisées. Malachie indique pourquoi. Ses paroles violentes condamnent les prêtres qui offrent des sacrifices imparfaits. «Un fils honore son père; un serviteur, son maître. Or si je suis père, où est l'honneur qui me revient? Et si je suis le maître, où est le respect qui m'est dû? Vous, déclare le Seigneur tout-puissant, à vous les prêtres qui méprisez son nom. Et vous dites: "En quoi avons-nous méprisé ton nom?" — En apportant sur mon autel un aliment impur. Et quand vous présentez au sacrifice une bête aveugle, n'est-ce pas mal? Et quand vous en présentez une boiteuse et une malade n'est-ce pas mal?» (Ml 1, 6-9) Malachie annonce alors un culte à venir, un culte pur, universel, qui transcende Israël. «Du Levant au Couchant, grand est mon nom parmi les nations. En tout lieu un sacrifice d'encens est présenté à mon nom, ainsi qu'une offrande pure, car grand est mon nom parmi les nations.» (Ml 1, 11) Les Pères de l'Église et la Didachè ont vu dans cette prophétie l'annonce du culte de la Nouvelle Alliance.

Conclusion

Melchisédech, par sa sollicitude paternelle à l'égard d'Abraham et de son peuple, préfigure la bonté de Dieu donnant son fils pour sauver son peuple. L'offrande du sang sacrificiel de la loi ancienne prépare les cœurs à l'offrande du sang eucharistique. C'est dans la foulée des repas sacrés que se situent les nombreux repas où le Christ manifeste son amour pour les hommes, tout pécheurs qu'ils soient. Ils les conduiront au banquet eschatologique où Yahvé accueillera son peuple à sa table. La manne du désert est le type même de la nourriture spirituelle qu'est la Parole de Dieu. Selon la littérature juive non canonique, elle efface le péché et a une signification eschatologique. Dans le Nouveau Testament, elle est le type de l'Eucharistie. Les pains d'offrande, prémices de la huche, préfigurent le pain descendu du ciel, prémices du retour au Père. La prophétie de Malachie, enfin, présage l'ère messianique dans laquelle une forme nouvelle et universelle d'adoration sera offerte à Dieu. Elle annonce l'Eucharistie qui seule accomplit les détails de la prophétie.

Toutes ces figures trouvent leur sens total et leur plénitude dans la mort et la résurrection du Christ. C'est le sommet et la clé qui ouvre à la vérité du mystère de la création et de la rédemption.

***

POUR MIEUX COMMUNIER AU MYSTÈRE DE YAHVÉ

Se dégager de ses préoccupations quotidiennes et disposer son cœur à la prière et au silence intérieur permet de se situer dans la foulée du peuple juif en route vers Dieu. Plutôt que d'adopter une perspective d'étude, mieux vaut se donner l'attitude de foi requise pour entendre Dieu qui parle au cœur. «Dieu nous visite souvent, disait Tauler, mais la plupart du temps nous sommes absents.» C'est dans le cœur, au sens biblique, que Dieu nous visite. Donc, ne pas rester dans la réflexion et dans l'émotion, mais plonger au fond de son cœur, où l'Écriture, le Magistère et la Tradition se fondent dans l'unité, s'éclairant mutuellement.

Lire les références suggérées et fréquenter les images proposées pour se familiariser avec ces textes. Il est bon aussi de lire la première prière eucharistique, d'en dégager le rappel de l'action de Yahvé dans l'histoire du peuple juif: Pâque, Melchisédech, la manne, Abel, Abraham, le sang, l'Alliance… Être attentif à l'attente de l'intervention de Dieu et au regard sur Dieu qui a éclairé les rédacteurs de ce texte. Comment dans ce texte l'auteur voit-il Dieu?

✳ ✳ ✳

Seigneur, je désire te rencontrer. Aide-moi à comprendre que tu es le Seigneur, le Tout-Autre, le saint; celui qui ne peut être saisi par mes efforts. Augmente ma foi. Donne-moi de comprendre que ta bienveillance m'enveloppe sans cesse. Rends-moi humble, docile à me laisser conduire par toi pour que je comprenne ce que tu veux me dire à travers le mystère de l'Eucharistie.

La place du rite et du culte dans la religion*

La **religion**, c'est la quête des hommes qui cherchent Dieu. Une quête souvent organisée et systématisée. Ses trois éléments constitutifs sont: la mystique, le mythe et le rite.

La **mystique** renvoie à l'aspect expérienciel de la religion. C'est la *saisie de Dieu à travers une expérience intérieure*. Il y a une mystique naturelle ou cosmique. Il y a aussi une mystique chrétienne ou personnelle. L'expérience mystique permet de rencontrer le Dieu créateur dans ses reflets, même sans une révélation explicite. Le Dieu, source des êtres, est alors accessible mais non un Dieu personnel.

Pour rencontrer Dieu personnellement, il faut qu'il se révèle explicitement aux êtres humains. Il l'a fait. Dans l'histoire du peuple juif, il s'est révélé comme Père. En Jésus Christ, il s'est révélé comme Fils et dans l'Église, comme Esprit.

L'*athée* se coupe de Dieu et ne le cherche pas. Le *païen* adore un reflet de Dieu, le soleil, le rocher... Le *bouddhiste* et l'*hindouiste* se perdent dans le grand tout (panthéisme). Le *musulman* et le *juif* rencontrent un Dieu Père. Le *chrétien* rencontre un Dieu Père, Fils et Esprit.

Le **mythe** est l'expression d'une expérience humaine à travers laquelle l'homme perçoit une manifestation

---

* Daniélou, Jean, *Mythes païens, mystère chrétien*, Paris, Fayard, coll. «Je sais, je crois», 1966.

de Dieu dans le cosmos. Le monde visible et la nature parlent de Dieu à l'homme païen. «Le soleil et son éclat, l'orage et la terreur qu'il inspire, la rosée, comme signe de bénédiction, sont porteurs d'une certaine présence de Dieu, écrit le Cardinal Daniélou. L'homme exprime dans un mythe ce rapport à Dieu perçu dans la nature.» (voir Gn 1 et 2)

Le **rite** renvoie à l'aspect cultuel de la religion. Les hommes expriment, par des rites, leur désir de réaliser concrètement leur union avec Dieu. Les rites sont des actions symboliques considérées comme porteuses d'une efficacité mystérieuse. Ils sont donc des moyens d'entrer en communion avec le divin ou le sacré. Le repas sur la montagne ou dans le temple exprime la communion avec Dieu; l'immersion dans l'eau, la purification des péchés et l'onction de l'huile communiquent une force mystérieuse. Certains rites sont efficaces; d'autres, non.

Les rites manifestent que l'homme ne se croit pas régi par une puissance aveugle, mais gouverné par un Dieu vivant qui se soucie des humains. Le **culte** est la célébration de son salut, parce qu'il s'exprime dans des rites auxquels l'homme attribue une certaine efficacité. Il faut donc rappeler que l'expérience religieuse précède le rite et lui donne sa signification.

Chapitre 2

LA PÂQUE PRIMITIVE:
UN CRI VERS YAHVÉ

Seigneur, maître de l'univers, donne-moi de connaî-
tre ma pauvreté, ma nudité et mon néant. Donne-moi de
comprendre et d'accepter cette totale dépendance que
je suis face à toi et d'adorer ta grandeur.

Le point central du mystère chrétien, c'est la mort et
la résurrection du Christ. Or ce mystère de mort-
résurrection que l'Eucharistie rend présent dans notre
vie quotidienne a connu une longue préparation. Pour
être fidèle à Dieu, dont il a expérimenté la présence dans
sa vie, Abram a quitté son pays avec sa famille. Un minuscule peuple nomade s'est constitué autour de lui. La
Pâque a d'abord été la fête la plus importante de cette
peuplade, une fête qui s'est élaborée peu à peu au cours
des ans et de ses errances dans le désert. Elle était avant
tout un rite religieux. Elle s'est développée en deux éta-
pes. *La Pâque primitive* était un cri de détresse lancé
vers Yahvé, le Dieu «Très-Haut», par une peuplade menacée dans son existence. Puis, avec *l'exode d'Égypte*,

la Pâque a pris un sens nouveau. Elle a été une expérience de solidarité ouvrant la route à l'action de Yahvé, le Dieu de son histoire. Nous allons suivre le cheminement des Hébreux à travers la Pâque primitive, puis la Pâque de l'exode, pour en venir à la mort-résurrection du Christ, la Pâque eucharistique. Nous le ferons en épousant les attitudes et les sentiments intérieurs que Yahvé a suscités dans le cœur des Hébreux par cette longue marche dans l'histoire.

Une expérience de Dieu

La Pâque primitive exprime, par des rites, *la prise de conscience par le peuple hébreu de sa fragilité,* d'une part, et, d'autre part, de *sa totale dépendance* d'un Dieu transcendant, maître de l'univers et de sa vie. Dans le désert, le clan d'Abraham mène une vie qui lui fait constamment sentir sa fragilité. Il est sans cesse menacé dans son existence même et l'immensité du désert l'ouvre à l'adoration de Dieu qui l'accompagne.

Un peuple fragile

Les nomades du Moyen-Orient sont des hommes frustres et courageux, de bons guerriers. Or aucun homme ne survit seul dans le désert. Les membres du clan sont solidaires jusqu'à la mort. Leur subsistance et leur survie dépendent du troupeau. La brebis, c'est toute leur vie. Elle fournit la laine des vêtements, la nourriture et le lait; ses ossements servent à fabriquer des objets et la graisse, à s'éclairer. Comme le bétail pâture aux points d'eau, les pâturages changent constamment et le clan est toujours en quête d'un nouvel oasis. On marche au petit matin pour échapper à l'ardeur du soleil et du sable brûlant. Poussé par les vents violents, ce sable pénètre tous les pores de la peau. La vie de l'Hébreu tient à peu de chose.

L'errance est interrompue par l'agnelage qui dure quelques semaines (février-mars). La saillie des agneaux a été prévue pour que les brebis mettent bas à ce moment. Après cet arrêt, la tribu repart à la recherche de nouveaux pâturages. C'est la transhumance. Ce mois (mars-avril) «sera le premier des mois[1]»; le printemps, tête de l'année (Ex 12, 2). Les bêtes en lactance sont fragiles, souvent malades; plusieurs meurent. L'interprétation des Juifs, c'est qu'un esprit mauvais, qu'ils appellent l'exterminateur, frappe les agnelets, les rend malades et les fait mourir.

Un peuple religieux et dépendant

Écrasés par l'immensité et la solitude du désert, ces hommes se sont ouverts à la conscience d'un Être Suprême, différent d'eux, tout-puissant, maître de l'univers, dont ils dépendent totalement. Ce Dieu est solide comme le rocher qui résiste aux vents de sable; fidèle comme le soleil toujours au rendez-vous matinal; patient comme le temps qui s'écoule. Ce Dieu, inaccessi-

---

[1] J'utiliserai habituellement la *Traduction œcuménique de la Bible,* la TOB.

ble à l'homme fragile, transcendant, le séparé, le saint, le tout-autre, habite les espaces infinis. Ils ne peuvent pas discuter avec lui. C'est lui qui leur donne d'être, en toute gratuité. Tout existe en lui: eux-mêmes et leur troupeau qu'il protège comme le bon berger. Il est la source de leur existence; ils se reçoivent tout entier de lui et s'abandonnent à lui dans l'adoration[2]. Le Père de Foucault avait bien raison d'établir ses missions en plein désert où Dieu est si près des hommes.

Un cri vers Dieu

Pour solliciter la protection de ce Dieu contre l'exterminateur, ils imaginent un stratagème. Pour puiser l'eau dans une crevasse inaccessible, ils fixent une éponge au bout d'une pique... Ils baignent l'éponge dans l'eau et la ramènent à eux. Pour communiquer le feu, ils plongent une branche dans le brasier. Elle s'enflamme; par elle, ils communiquent le feu. Ils se servent d'un intermédiaire. De même, pour se mettre en contact avec Dieu, ils imaginent de se servir d'un intermédiaire qui leur rapportera du pays de Dieu la protection divine.

La Pâque primitive (Ex 12, 1-11. 46)

Pour pénétrer dans le domaine inaccessible de Dieu, ils prennent la brebis comme intermédiaire. L'homme

---

[2] Voir P. Keller, *Un berger médite le psaume 23*, Belgique, Éd. de littérature biblique, 1977 et *Le bon berger et ses brebis, id.*, 1984.

est mortel; Dieu ne l'est pas. Il existe au-delà de la mort. Ils imaginent les rites suivants:

La mise à part (vv. 3-6)

Ils choisissent un mouton; ils le mettent à part du troupeau; Dieu est l'être-à-part, le séparé, le saint. Ainsi symboliquement, ils le font pénétrer dans le domaine divin. «Le dix de ce mois, que l'on prenne une bête par famille.» Le cycle lunaire a 28 jours. Le 10, c'est donc 4 jours avant la pleine lune. «Vous la prendrez parmi les agneaux et les chevreaux», victimes toutes désignées pour des pasteurs nomades qui dépendent totalement des brebis. «Vous aurez une bête sans défaut, mâle, âgée d'un an.» On offre une bonne bête pour attirer la bienveillance, un agneau de bonne taille. «Vous la mettrez à part jusqu'au quatorzième jour», dit la Bible de Jérusalem. Donc, on présente l'offrande en la séparant du troupeau et en l'isolant. Le mot clé, c'est «Qedesh» qui signifie «à part». C'est un qualificatif de Dieu qui est l'Être-à-part, le «saint». Cette mise à part fait déjà entrer dans le domaine divin.

L'immolation (v. 6)

En sacrifiant cet agneau, après l'avoir attribué à Dieu, ils l'expédient au-delà de la mort, dans le Royaume de Dieu. La victime pénètre dans le milieu divin et la vie de Dieu l'imprègne. On l'immole la nuit de la pleine lune; c'est une question de lumière. Un rassemblement du clan se forme; c'est un événement rare. Des nomades ne peuvent pas se rencontrer souvent. C'est une explosion de joie. Le Qahal, l'ekklesia, l'Église en germe. On se réunit «après le crépuscule»; la cérémonie dure la nuit entière. Un chef de clan égorge la bête. On traite le corps respectueusement, car il y a en lui quelque chose de divin. L'assemblée est fébrile, c'est la veille du grand départ... tout est prêt: reins ceints, par-dessus leurs pagnes de laine teintée; pieds chaussés de sandales, ils tiennent la houlette des bergers... On partira à l'aube, avant que ne s'allument les ardeurs du soleil.

La manducation (vv. 8. 46)

Manger la victime permet de communier à Dieu et de bénéficier de sa bienveillance. Ils consomment toute la chair «rôtie au feu». Ils n'ont ni four, ni marmite. La manducation est communion à la vie de Dieu dont on jouit de la protection et de la force surnaturelle. C'est aussi un geste communautaire qui rapproche et unit entre eux les membres du clan. Le pain, eau et farine pétries, est enroulé autour d'un bâton, cuit et servi en croûton brûlant. Les herbes amères sont des assaisonnements. On brûle les restes par respect du sacré et aussi par prudence, pour éloigner les carnassiers. Les ossements sont disposés dans une fosse en ordre pour attirer sur le troupeau une bénédiction venue du congénère sacrifié. Pour le sémite, l'énergie vitale est contenue dans les os et y demeure. On ne brise pas les os, pour que la même chose n'arrive pas à d'autres bêtes. Dans ce rite, il y a aussi une notion de survivance: dans le sein de la terre, la vie végétative continue. Le mot «Pâque», *pesah*, signifie «saut». L'exterminateur, en lisant la liste des victimes, «sautera» le nom du protégé de Dieu.

L'expérience mystique

Quelle expérience mystique se cache sous ces rites?

Le sentiment de sa fragilité

À partir de ses misères, de ses limites, de ses souffrances et des contraintes que la vie lui impose, l'Hébreu est devenu conscient de sa nudité, de sa faiblesse ontologique et de ses besoins. Il expérimente les limites de son existence et les faiblesses de son être. Il expérimente sa dépendance totale de la terre, de la matière, du monde matériel qui limite son être et ses possibilités. Sa vie devient adoration. Elle est une totale dépendance à l'égard d'un être suprême. Ce n'est pas la conscience de ses fautes morales qui, à ce moment, l'inquiète, mais sa survie, sa fragilité physique et ses besoins primaires: manger, se protéger, être en sécurité, vivre en santé… C'est le besoin d'être, d'exister dont il est conscient. Un besoin plus ontologique et existentiel que moral.

Le sentiment d'être et d'exister en Dieu seul

Dans son expérience, l'Hébreu rencontre Dieu comme le maître de l'univers. Pour Abraham, Dieu est le maître-créateur en qui absolument tout existe. Non pas un maître qui impose ses volontés, qui dit quoi faire ou ne pas faire, mais un maître régisseur de ses actions. La crainte qu'il éprouve devant Dieu n'est pas celle qu'on éprouve devant un juge, mais un sentiment de faiblesse devant la puissance. Dieu est la source de son être. Il est celui qui pose les conditions de son existence. C'est donc un Dieu «tout autre» que l'homme, indépendant de lui, un Dieu avec lequel il ne peut pas discuter. Pour exister, l'homme doit s'accepter tel qu'il est. Pour exister, il doit se soumettre aux conditions de Dieu. C'est Dieu et lui seul qui pose les règles du jeu. Sans l'acceptation de ces règles, il n'y a pas de jeu. Un Juif ne dirait jamais: «Pourquoi Dieu me fait-il ça?» ou «Je ne mérite pas ça», ou encore «Pourquoi Dieu permet-il ça?» L'homme ne peut discuter avec Dieu et mettre des conditions à son existence. Pour discuter, il faut d'abord exister, se recevoir sans condition et totalement de Dieu, et s'accepter comme Dieu l'a voulu. Dieu lui donne d'être et d'être ce qu'il est. Adorer, pour un Hébreu, c'est l'acte qui fonde son existence. C'est s'accepter. Son adoration est un état, un état de soumission, de dépendance. Yahvé, qui donne d'être, est incompréhensible à l'intelligence humaine et sans mesure avec elle.

Personne ne peut demander à Dieu de lui rendre des comptes. Le vase ne critique pas le potier qui le fabrique (Jr 18, 2-6). Critiquer Dieu, ce serait couper la branche qui me porte. Ce serait détruire le sol sous mes pieds. Le rayon ne peut se couper du soleil dont il reçoit son éclat. Accepter toujours et habituellement d'être et d'être comme l'on est, avec toutes ses limites… C'est un état d'adoration qui constitue la trame de sa vie. Le premier acte d'adoration, la première prière que je puisse faire, c'est de m'accepter et de m'aimer tel que je suis. L'Hébreu ne rend pas formellement un culte d'adoration au sens où nous l'entendons. Il n'adore pas en paroles. L'adoration pour lui est beaucoup plus profonde, radicale, existentielle et ontologique.

Avec le sentiment de n'exister qu'en Dieu, l'Hébreu a aussi le sentiment d'être aimé de Dieu tout comme la brebis est aimée de son berger. C'est là toute sa sécurité:

C'est toi mon roc, ma forteresse. Ps 31 (30), 4

O Dieu, écoute mes cris,
Sois attentif à ma prière.
Du bout de la terre, je fais appel à toi
Quand le cœur me manque.
Sur le rocher trop élevé pour moi
Tu me conduiras.
Car tu es pour moi un refuge,
Un bastion face à l'ennemi. Ps 61 (60), 2-4

De là, les attitudes du Juif face à Dieu: il ne peut le regarder face à face, car il mourrait. Il se voile la face devant lui. Quand Dieu communique avec lui — c'est un rare privilège —, Dieu le fait dans le feu, que l'homme ne peut approcher, ou dans un feu que l'homme ne peut comprendre, un feu qui brûle sans consumer (Ex 12), ou encore dans une nuée qui voile sa puissance ou de dos (Ex 33, 5-11; 17-23). Jamais l'Hébreu ne prononce le nom de Yahvé. Donner un nom, c'est mettre la main sur un être, lui conférer une identité. Il appelle Dieu Élohim, Seigneur ou Adonaï. «El» ou «Élohim» est utilisé 2312 fois dans l'Ancien Testament. Ce mot vient d'une racine qui signifie «être fort», «être puissant».

L'Hébreu est l'homme de la foi, du départ pour l'inconnu; il ne s'arrête à rien, car rien n'est solide. Sa seule certitude, c'est Yahvé. Il est toujours prêt à rouler sa tente et à repartir selon le vouloir de Yahvé. Abraham marche dans la foi, sans savoir où il va, mais sûr du chemin. Dieu lui promet une postérité nombreuse comme le sable de la mer. Puis, il lui dit d'immoler son fils unique, le fils de sa vieillesse. Abraham ne comprend pas... il adore; sans discuter, il obéit. Vivre, c'est marcher avec Yahvé, c'est s'accorder avec lui, actuellement, sans se questionner sur demain.

Yahvé, c'est la sagesse et la volonté suprêmes

Tout existe en lui et tout reçoit en lui sa cohérence. Se recevoir et s'accepter de Dieu tel qu'on est, vivre conscient d'émaner totalement et toujours de lui, de n'être qu'en lui, voilà l'adoration «existentielle» de l'Hébreu. Il y a plus. Adorer, c'est aussi m'aimer parce que c'est mon être même qui me situe dans l'Être de Dieu. De là aussi le sens du péché: pécher, c'est refuser d'être ce que Dieu me fait, d'être ce que je suis. Ce refus est une rupture qui me détruit. Pour l'Hébreu, le péché n'est pas d'abord un comportement mauvais. Il est un refus d'être en Dieu et donc d'être soi-même.

Prière à Yahvé

Yahvé, toi le maître de l'univers, donne-moi de connaître ma pauvreté, ma nudité et mon néant. Donne-moi de comprendre et d'accepter ma totale dépendance face à toi et d'adorer ta grandeur. Tout ce que j'ai et tout ce que je suis, tu me le donnes en toute gratuité. Je me reçois de ton amour. Aide-moi, Seigneur, à m'aimer comme je suis. J'accepte mon intelligence, mon imagination et ma sensibilité avec leurs limites. J'accepte mes yeux et mes oreilles; j'accepte d'être créé dans le temps; de devoir changer pour progresser. Il y a en moi, telle chose... que j'accepte difficilement. Aide-moi à croire que je viens totalement de ton amour. Il y a plus encore, Seigneur. Non seulement tu m'as donné tout ce que je suis, mais tu me donnes sans cesse mon être, tu me tiens continuellement dans l'existence. Tu me crées continuellement. Je suis sans cesse accroché à toi, comme le rayon au soleil. Coupé de toi, je disparais et tombe dans le néant.

Mais alors, Seigneur, tu penses sans cesse à moi et tu m'aimes. Je baigne sans cesse dans ton amour tout-puissant qui m'enveloppe et me protège. L'être que je suis vient de l'amour que tu es. Je t'adore, Yahvé Dieu, et j'adore ta grandeur. Je veux vivre en m'accueillant de toi. C'est là mon adoration. Puisque tu es, puisque tu m'aimes, puisque sans toi je ne peux exister, toi seul peux décider ce que je suis; toi seul tu détermines les conditions de mon existence. Toi seul, tu poses l'acte qui me donne d'être. Je ne peux qu'accueillir, recevoir, accepter et croire à ton amour gratuit et indéfectible. T'adorer, Seigneur, c'est être heureux d'être ce que je suis. C'est être content de moi et m'aimer parce que je suis en toi. C'est toi mon rocher.

Une démarche de foi

Prendre conscience de ma fragilité

Utiliser mes erreurs, mes ratés, mes impuissances pour devenir conscient de ma fragilité et de mes limites. Reconnaître humblement ma misère. Prendre conscience des mes refus d'adoration: de mes révoltes insensées, de mes refus d'accepter, de m'accepter tel que je suis: avec mes limites... de m'accepter dans le détail... mes yeux, mon nez, mon intelligence, ma sexualité, et aussi d'être créé dans le temps...

Adorer le tout-autre

Par mes contacts avec l'univers, la nature: le ciel étoilé, le cosmos, le volcan, le tonnerre, le tremblement de terre, l'ouragan... devenir conscient du créateur, maître puissant et infini de l'univers. Prendre conscience du temps... de l'histoire, de la durée... Notre univers: 15 milliards d'années. Me situer dans un état d'adoration: m'accepter dans l'abandon; accepter mon état de créature. Me dégager du terre à terre, de mes plaintes devant les épreuves, les contestations... «Nous avons tout reçu de sa plénitude...» Cesser de réclamer des droits. «Après l'existence, le plus grand bien de l'homme, c'est la liberté.» Mais avant de vouloir ou d'être libre... je dois exister... et pour cela, je dois m'accepter. Prendre conscience de l'inanité du péché. Pécher, c'est tarir la source d'où je coule. Éteindre le soleil dont je suis un rayon (Jb 38).

Lancer un cri vers Dieu

Tout attendre de lui: «La sainteté n'est pas un accomplissement de soi, ni une plénitude que l'on se donne. Elle est d'abord un vide que l'on se découvre, que l'on accepte et que Dieu vient remplir dans la mesure où l'on s'ouvre à sa plénitude», écrit François d'Assise. Demander la grâce de comprendre le sens de l'adoration et du péché[3].

---

[3] Pour prier, voir l'hymne «Un jour nouveau commence», dans *Prière du temps présent*, p. 755 et les Psaumes 42 (41) et 19 (18) dans *Prière du temps présent*, pp. 756, 758.

Chapitre 3

LA PÂQUE DE L'EXODE:
LE DIEU DE LA VIE ET DE L'HISTOIRE

Donne-nous, Seigneur, la certitude que tu accompagnes nos vies, que tu soutiens nos efforts solidaires et que tu donnes l'efficacité à nos actions. Tu veux nous donner la terre promise, mais tu nous demandes de marcher vers elle sans attendre que tu nous y portes.

La peur: un peuple qui doute

Un danger guettait les Hébreux. Leur expérience les avait amenés à s'abandonner au Dieu tout-puissant. Tant qu'ils vivaient dans le désert, ils s'appuyaient sur lui, mais ils devaient quand même lutter contre les éléments naturels pour survivre. Installés en Égypte, ils perdent leur ardeur conquérante et leur initiative face à l'adversité, pour s'enfermer dans la peur. Dieu leur fait alors vivre une nouvelle expérience. Elle leur fera découvrir que la puissance de Dieu se manifeste à travers leurs initiatives et leur solidarité. Yahvé ne les aide pas, s'ils ne s'aident pas eux-mêmes. Il les accompagne dans leur histoire et féconde leur initiative. Yahvé se révèle à son peuple comme le Dieu de son histoire.

Ils sortiront d'Égypte comme un peuple solidaire qui se prend en main. Yahvé est avec lui quand il lutte pour vivre. L'exode du peuple juif est un événement fondateur. Cet événement, en effet, et l'Alliance du Sinaï amorcent la constitution d'Israël comme «peuple de Dieu» (Ex 12, 21-27).

Une nouvelle expérience de Dieu: la sortie d'Égypte (1250 av. J.C.)

Un peuple d'esclaves

En 1720 avant le Christ, les Hyksos, des rois-pasteurs, ont conquis l'Égypte. Ils en seront les maîtres durant quelques siècles. Ce sont des sémites d'origine. Plus tard, Joseph est vendu par ses frères comme esclave. Il devient le grand vizir du Pharaon, une espèce de premier ministre. Cet épisode se comprend puisque le Pharaon est, de fait, sémite. Aux retrouvailles avec ses frères, Joseph leur dit que lorsque Pharaon les convoquera et leur demandera quel métier est le leur, ils répondront: «Tes serviteurs ont été éleveurs de troupeaux depuis leur jeunesse jusqu'à maintenant; nous le sommes comme nos pères l'ont été.» (Gn 46, 33-34) Cette ruse leur permet de s'installer à Guessen, une région marécageuse située à 40 km à l'est de Suez, sur un plateau du Nil. Ils peuvent y conserver leurs habitudes religieuses. Les Égyptiens adorent un dieu-bélier. Il aurait été difficile aux Juifs d'immoler l'agneau près des grandes villes égyptiennes. Perdus dans les marécages, ils peuvent rendre leur culte à Yahvé (Ex 5, 3). Pour la Pâque, les Juifs vont à Cadès, à trois jours de marche du côté du désert (Ex 8, 22-23).

En 1560, un nouveau Pharaon, qui n'a pas connu Joseph, est roi. Il tolère les Juifs. Au XIIIᵉ siècle, le nouveau roi, Ramsès II, impose des travaux forcés au peuple juif. «On lui imposa des chefs de corvée, pour le réduire par les travaux forcés, et il bâtit pour Pharaon des villes entrepôts, Pitôm et Ramsès.» (Ex 1, 11) «Les Égyptiens asservirent les fils d'Israël avec brutalité et leur rendirent la vie amère par une dure servitude.» (Ex 1, 13-14)

Les Juifs possédaient leurs troupeaux (Ex 10, 26). Mais ils étaient en train de devenir esclaves. Pour la Pâque, Pharaon leur interdit d'amener leur troupeau avec eux. Seulement l'agneau à immoler. Plus tard, seuls les hommes sont autorisés à partir. On veut ainsi les empêcher de fuir. Mais du même coup, on s'achemine vers la suppression du culte. De nomade, le peuple est devenu sédentaire. Il est opprimé et réduit à l'esclavage. Peu à peu, il perd son identité culturelle. La peur s'installe chez les Hébreux. L'évasion devient impossible à cause de cette peur. N'ayant pas voyagé depuis longtemps, le peuple installé et embourgeoisé a peur de l'inconnu.

La prière du peuple prend une nouvelle orientation. Autrefois, le peuple demandait à Yahvé de le libérer de l'exterminateur qui tuait les brebis. Maintenant l'exterminateur, c'est Pharaon, qui tue les Juifs eux-mêmes. La Pâque prendra un sens nouveau.

La libération de la peur

Moïse a été élevé dans la culture égyptienne; c'est un lettré. La fille de Pharaon l'avait adopté. À 40 ans, il veut rejoindre ses frères. Il tue l'Égyptien qui maltraite deux jeunes Juifs, mais les Juifs le rejettent. Moïse découvre que son crime est connu et s'enfuit pendant 40 ans. Il épouse une non-juive dont il aura deux fils. À 80 ans, Dieu lui ordonne de libérer son peuple (Ac 7, 20-43; Ex 3, 1-10; 6, 2-13; 6, 25 — 7, 7; Dt 34, 7).

Il ne faut pas voir le récit de la libération avec le regard plein de merveilleux de notre jeunesse. C'est un événement bien humain qui se passe là, un événement presque banal pour l'histoire. Voici comment le rapporte un historien:

Reportons-nous au XIIIe siècle avant Jésus Christ, sous le règne du pharaon Ramsès II. C'est vraisemblablement l'époque de la sortie d'Égypte. Une bande de bédouins pas très nombreux, par une nuit de printemps, réussit à franchir le mur qui marquait la frontière entre l'Égypte et le désert du Sinaï. Il y avait, en effet, une muraille, comme il y eut le mur de Berlin, ou la muraille de Chine; elle protégeait l'Égypte contre les incursions des nomades venant de l'extérieur. À l'époque, on ne les appelait pas des bédouins, mais des *apirous*, d'un mot qui signifie peut-être «personnes déplacées» ou «immigrés».

Ayant donc réussi à franchir ce mur, ils sont partis vers la presqu'île du Sinaï. C'était le chemin normal[1].

Dans l'expérience du peuple juif, cet événement revêt une grande importance religieuse. C'est en libérant le peuple de sa peur[2] et en l'invitant à agir solidairement que Dieu suscite sa foi et intervient dans sa vie. Moïse se présente devant le Pharaon. Il demande trois jours pour aller célébrer le sacrifice (Ex 5). Non seulement Pharaon refuse, mais il accuse les Juifs de paresse et leur impose de trouver désormais la paille nécessaire à la fabrication de briques. Des événements naturels surviennent aussi, les plaies d'Égypte. Écoutons l'historien:

Ces phénomènes naturels sont fréquents en ce pays. Les eaux du Nil chargées de terres ferrugineuses qui leur donnent une teinte rouge font crever les poissons. [Les sources du Nil sont en Éthiopie. Les grosses pluies font parfois déborder ces sources dans des terres ferrugineuses. Les eaux se chargent alors de rouille.] Les grenouilles s'en échappent pour venir gambader dans les jupons des femmes. Les cadavres des bestioles favorisent le développement des moustiques et des taons. Les insectes communiquent la peste au bétail et aux humains; des ulcères et une épidémie atteignent les sujets les plus faibles. [Les jeunes Égyptiens moins robustes que les jeunes Juifs habitués au travail en meurent]. Tout cela fit sans doute plus de peur que de mal. Mais que s'ajoutent encore une grêle, une éclipse et une invasion de sauterelles, et c'est

---

[1] Béguerie, *Pour vivre l'eucharistie*, p. 12.
[2] Dans la Bible, l'expression «Ne crains pas» revient 376 fois.

la panique dans cette Égypte antique, terre de toutes les superstitions[3].

Devant cette panique, les Égyptiens voient l'action du Dieu des Juifs. Ces derniers s'organisent. Ils célèbrent la Pâque et fuient (Ex 12, 33).

La traversée de la mer Rouge

Trois traditions se sont élaborées au sujet du passage de la mer Rouge. Une explication primitive: Dieu souffle sur l'eau, par un fort vent d'est, pour la mettre à sec. «Moïse étendit la main sur la mer. Le Seigneur refoula la mer toute la nuit par un vent d'est puissant et il mit la mer à sec.» (Ex 14, 21) Une seconde explication est plus proche de la réalité, semble-t-il: un raz de marée causé par l'engouffrement des eaux de pluie entre des rivages plus étroits. «Le cheval du Pharaon avait pénétré dans la mer avec ses chars et ses cavaliers, et le Seigneur avait fait revenir sur eux les eaux de la mer.» (Ex 15, 19) Josué relate aussi ces faits en 24, 7. Il s'agit probablement de la mer des roseaux. Une tradition tardive et peu probable est enfin née à la période de l'exil à Babylone: «Les fils d'Israël pénétrèrent au milieu de la mer à pied sec, les eaux formant une muraille à leur droite et à leur gauche.» (Ex 14, 22) Le flux et le reflux des eaux permit aux Hébreux de traverser et engloutit ensuite les Égyptiens qui les poursuivaient.

---

[3] Béguerie, *op. cit.*

La grande libération de l'Égypte, c'est la libération, par la foi en Yahvé, de la peur qui empêchait de fuir. La foi et la solidarité du peuple ont pris le pas sur la peur. Celui-ci prend alors en main son destin. C'est la fête populaire, la joie... Quand le peuple est uni face à l'épreuve et décide d'agir, Dieu est avec lui. Le peuple reprend confiance (Ex 14, 31). La prière d'admiration et de louange surgit. C'est dans l'expérience d'un vivre solidaire, d'un vouloir et d'un agir communs, c'est dans la trame de son histoire que le peuple rencontre Dieu.

La Pâque de l'exode

Le rite pascal prend un sens nouveau. Il s'enrichit d'une expérience spirituelle nouvelle. Il célèbre l'entrée de Dieu *dans la vie* du peuple juif. De «saut», le mot Pâque prend la signification nouvelle de «passage». C'est le passage de Dieu dans la vie de son peuple (Ex 12, 27) et le passage du peuple de l'esclavage à la liberté. Le pain sans levain est un pain non fermenté. En Égypte, les Hébreux avaient appris à fermenter la pâte pour fabriquer le pain. Partis en hâte, ils n'ont pu le faire. Les herbes amères deviendront le symbole des souffrances d'Égypte.

L'exode et l'expérience spirituelle des Hébreux

À travers l'exode et la marche dans le désert, Israël a vécu un événement qui a marqué son expérience mystique. J'en signale deux aspects importants. La solidarité: Yahvé est le Dieu *d'un peuple*. Les événements de l'exode et du désert ont soudé l'unité des Hébreux. Ils prennent conscience qu'il est impossible d'infléchir seul les événements. C'est au sein d'un peuple agissant en solidarité que Yahvé est présent. L'expérience de libération et l'expérience de salut sont essentiellement collectives. On se sauve en Église et jamais seul. La longue marche dans le désert apprend aux Hébreux à devenir un peuple, «le peuple de Yahvé», le peuple avec lequel Yahvé fera Alliance. C'est donc une expérience qui prépare le cœur et le psychisme des Hébreux à vivre comme peuple. C'est l'Église en germe, l'Église qui se prépare. L'Eucharistie, on le verra, est le sacrifice du peuple de Dieu regroupé autour du Christ, le sacrifice de l'humanité; comme les Juifs regroupés autour de Moïse ont pu progresser dans le désert, ainsi l'Église unie au Christ accède à la terre promise.

Yahvé est le Dieu d'un peuple; il est aussi le Dieu de la vie et de l'action. Paralysé par la peur, le peuple juif refusait d'agir. Sa vie stagnait, se détruisait. Il tombait dans un esclavage avilissant. Et il priait Yahvé d'intervenir. Le peuple nomade, devenu sédentaire, était timide. Rongé par la peur du désert et des cruels Égyptiens, il attendait passivement une libération qui viendrait de Dieu. Et Yahvé ne semblait pas répondre à ses prières. Le jour où le peuple décide d'agir, Yahvé l'exauce et féconde son action. S'appuyant sur Dieu, le peuple vainc sa peur, se prend en main et malgré la puissance du Pharaon, Dieu le libère. Dieu agit toujours, mais il agit à travers la liberté humaine[4].

L'histoire prend alors un sens nouveau pour les Hébreux. L'histoire, c'est le projet de Dieu. Ce projet se réalise toujours. Mais il se réalise à travers les actes libres des humains qui agissent en solidarité. C'est la liberté des hommes qui réalise le projet de Dieu. Yahvé a créé les humains libres. Sa volonté est donc qu'ils agissent librement comme le dit saint Paul: «Vous, frères, c'est à la liberté que vous avez été appelés.» (Ga 5, 13) Faire la volonté de Dieu c'est donc agir, poser des actes libres. Dieu ne décide jamais à notre place et n'agit pas à notre place. Nous faisons la volonté de Dieu au sens absolu du mot et nous la faisons en solidarité avec un peuple.

Le Dieu transcendant que l'Hébreu adore et avec lequel il entre en relation se révèle Dieu de la vie. Le mot «Yahvé» revient 6499 fois dans l'Ancien Testament. Il vient d'une racine qui signifie «être présent, être agissant». C'est un verbe actif décrivant l'activité même de Dieu. Il signifie «Je suis». «*Je-suis,* écrit Julien Alain, sera à la gouverne de l'événement et de la libération. Il se présente dans l'expérience et s'offre à la découverte des siens à travers la prise de conscience du sens des événements. C'est comme si Dieu disait: "Ce que je suis, tu le verras dans ce que je ferai et ce que je serai avec

---

[4] Le verbe *bara* (créer) signifie littéralement *faire, fabriquer* (to make), mais il est toujours employé avec Elohim ou Yahvé comme sujet. C'est donc une action propre à Dieu. De là, le sens de créer.

vous dans votre histoire."[5]» Donc un Dieu-avec; un Dieu-de-relation; un Dieu d'Alliance qui rend efficace l'action des humains.

À la suite de cette expérience, l'action et la marche solidaire du peuple devient une expression de son adoration de Dieu. Seul le Dieu créateur a imposé à sa créature les contraintes qui encadrent son existence. L'homme accepte dans l'adoration. Le Juif découvre dans le désert qu'il doit aussi agir, et agir solidairement, prendre sa vie en main pour réaliser le projet de Dieu. C'est ainsi que son action et sa solidarité deviennent soumission à Dieu et adoration.

L'homme biblique s'expérimente lui-même comme vivant mais aussi comme animé par l'action directe du maître de la création. C'est donc dans son expérience de vivre, de vouloir et d'agir, qu'il rencontre Dieu. De là, quelques conséquences: marcher avec Dieu, dans l'Ancien Testament, et marcher avec Jésus, dans le Nouveau, veut dire également «vivre». Refuser de se conformer aux règles de la vie et d'agir, c'est mourir, c'est se détruire, c'est pécher, c'est refuser d'adorer et d'être. Le péché d'omission est un refus de vivre. Faire du mal aux autres, entraver leur liberté et les empêcher de vivre, c'est se donner la mort en s'arrachant du vouloir divin qui est vie. L'homme au cœur pur est emporté par l'Esprit de Yahvé. Il désire la vie, sa parole l'exprime et son action

[5] Julien Alain, *Devenir libre. Un appel à la croissance,* Montréal, Fides, 1989, p. 28.

la réalise. Le Juif croyant met de la qualité dans sa vie parce que son action réalise le projet de Yahvé.

Le père Julien Harvey écrit: «Ayant l'expérience de cette constante insufflation de la vie par Dieu, ayant conscience de ne jamais posséder la "ruach" mais de constamment la recevoir en dépendance de Yahvé, l'homme biblique a expérimenté la rencontre de Dieu dans l'action. Son acte de foi est régulièrement formulé en termes d'expérience de l'action de Dieu et de l'action avec Dieu.» Le père Schillebeeckx écrit dans le même sens: «La grâce vient à notre rencontre *à partir du monde*, à travers l'histoire humaine avec son contexte profane.»

Prière à Yahvé

Seigneur Dieu, tu es toujours fidèle à ton peuple. Tu n'agis pas sans lui. Tu ne lui es pas fidèle dans les coups de tonnerre et les miracles, mais dans sa vie quotidienne. Tu fais des miracles... par les mains du médecin qui guérit et par le travail de l'ouvrier qui bâtit la demeure. Pour guérir la plaie, tu as besoin de l'onguent qu'applique l'infirmière. Tu veux avoir besoin des hommes. Mais ta fidélité tenace, Seigneur, passe par notre travail.

Tu nous invites à agir par les événements. Devant une situation malheureuse que je perçois et que je peux changer, tu m'invites, Seigneur, à agir. Les tendances lourdes de l'histoire et les signes des temps sont des routes que tu nous indiques et où ta fidélité nous rejoint. Tu es le Dieu de l'homme en étant le Dieu de son histoire.

Or notre histoire est celle d'un peuple. Ta parole, Seigneur, fait ce qu'elle dit. L'histoire est ta promesse en voie de réalisation. Ton peuple en marche porte ta Parole. De là, sa certitude du triomphe et son espérance. Le mémorial est une réalisation de la Parole de Dieu et la certitude que son accomplissement total est en voie de réalisation. À la fin des temps, ton projet trouvera sa pleine réalisation.

Une démarche de foi

Revoir mon attitude face à ma vie chrétienne et aux attentes de ma prière. Exorciser mon attitude paresseuse qui attend de Dieu des interventions extraordinaires. Me demander ce que Dieu m'invite à faire. Un vieux proverbe hébreu dit: «Dieu est partout où l'homme le laisse entrer.» Dieu nous sauve, mais ne nous sauve pas sans nous. «Aide-toi et le ciel t'aidera», dit un dicton populaire. Les Chinois reprennent la même idée d'une manière plus imagée: «Dieu a créé les noisettes, mais il veut que nous cassions l'écaille pour les manger.»

Jésus n'a jamais fait de miracle pour échapper à sa condition d'homme. Toujours attendre des miracles et des interventions divines, c'est contredire le projet de Dieu. Imaginer la Providence comme une intervention de Dieu pour corriger la marche des événements, c'est trahir Dieu. De même dans la prière, Jean de la Croix écrit: «Désirer sous la nouvelle Loi visions ou révélations, ce n'est pas seulement faire une sottise, c'est offenser Dieu.» Comme si le Christ ne suffisait pas à révéler le Père. Le père de Clorivière abonde dans le même sens.

Chercher Dieu dans sa vie ordinaire, concrète, dans les événements. Percevoir ses appels à travers les situations, les signes des temps, la marche de l'histoire. Depuis que le Verbe s'est incarné, on le rencontre partout: dans la cuisine, le bureau, les petits services rendus.

Exorciser ses peurs du changement et de l'avenir; purifier son habitude d'attendre des interventions extraordinaires de Dieu pour se sortir du pétrin au lieu d'agir. Saint Ignace nous dit: «Mets ta confiance en Dieu, comme si tout dépendait de toi, non de lui, et livre-toi à l'action, comme si tout dépendait de lui et non de toi.» Un chrétien est audacieux. Casser son individualisme, sa mentalité revendicatrice «des droits de l'homme», oublier le droit des autres et les droits sociaux n'est pas selon Dieu. Donc, accepter les données de son existence, ses conditions... Mais travailler solidairement à améliorer la vie, à parfaire la création par son activité, être responsable de son cheminement.

Chapitre 4

LE SACRIFICE
DE LA PÂQUE NOUVELLE

Seigneur Dieu, accorde-nous de croire vraiment que
par sa mort subie autrefois sur le Calvaire et annoncée
dans chaque Eucharistie, ton Fils nous prend dans sa
vie et nous emporte dans son sacrifice.

L'Eucharistie est la Pâque nouvelle. Elle réalise la
Pâque du salut. L'attente des Hébreux était grande. La
Pâque primitive a développé en eux une attitude d'adoration existentielle et la conscience d'être dans le Dieu
tout-puissant, le Dieu Tout-Autre. La Pâque de l'exode
leur a appris que c'est dans leur histoire, dans leur vie
quotidienne, dans leur marche solidaire comme peuple
que Dieu est présent, exerce sa bienveillance et les conduit vers la terre promise. Le peuple marche vers cette
terre où couleront le lait et le miel. Il attend un bonheur
tout humain. Il est conscient que le Dieu tout-puissant
est avec lui, toujours fidèle. Il marche avec l'assurance
d'atteindre son but. La Pâque nouvelle réalise cette attente avec une plénitude inespérée. Elle lui révèle que la

terre promise, c'est la Vie même du Dieu transcendant et maître de l'univers et que cette communion avec Dieu se réalise dans et par sa vie quotidienne, dans son histoire d'homme.

La Pâque au temps de Jésus

L'exode a eu lieu vers 1250 avant Jésus Christ. Les rites de la fête se sont précisés, durcis et sont devenus sophistiqués, compliqués. Il y a la prière et le partage de la première coupe de vin. Puis prière et partage du pain azyme, immolation de l'agneau qui est rôti et consommé (dans les cérémonies actuelles, on n'immole pas l'agneau, on consomme un gigot de mouton). Il y a l'aspersion du peuple et du texte de la Loi avec le sang, en souvenir de l'Alliance (cérémonie actuellement omise). Enfin, partage de la seconde coupe. Le tout est entrecoupé de prières, de psaumes et de lectures bien précises.

Lapierre et Collins décrivent ainsi la Pâque juive actuelle: «Une longue tradition règle la liturgie de la Pâque juive. Elle débute par le *séder,* un dîner de famille dont chaque mets possède une signification symbolique. Au milieu de la table majestueusement dressée, trône le "Plat du séder". Dans chacun de ses trois compartiments, une galette de pain sans levain appelé *matsoth* qui évoque la misère de la servitude mais aussi le départ précipité d'Égypte, du persil pour le printemps, de l'eau salée ou du vinaigre pour les larmes des souffrances et une mixture de pommes hachées, d'amandes et de cannelle baignées de vin rouge pour le mortier et l'argile des briques exigées par le Pharaon. Un os garni de viande, rôti à la braise, symbolise enfin l'antique agneau pascal, tandis qu'un œuf cuit dans la cendre représente pour les uns les sacrifices de la fête, pour d'autres la destruction du Temple. Des coupes de vin marquent la place des convives qui doivent les vider quatre fois au cours de la soirée, en ponctuation des psaumes et des cantiques. Quatre questions immuables sont posées après la deuxième coupe par le plus jeune mâle au plus âgé. Et depuis la destruction du Temple par Titus, depuis deux mille ans, tout un peuple dispersé vide la quatrième coupe au souhait de "l'an prochain à Jérusalem!"[1]»

À Jérusalem, tout au long de l'année, on immolait au temple, les jours de fête, des agneaux. De là, toute une boucherie sacrée qui s'effectuait au temple et qui connaissait son sommet au temps de la Pâque. Ces sacrifices étaient des figures de la Pâque à venir. Ils n'étaient pas efficaces et ne réconciliaient pas en eux-mêmes les pécheurs avec Dieu. C'est pourquoi il fallait les renouveler souvent.

La cène est la Pâque nouvelle

Les trois synoptiques et saint Paul situent la Cène dans le cadre de la fête pascale (Mt 26, 17-19; Mc 14,

---

[1] Dominique Lapierre et Larry Collins, *Ô Jérusalem*, Paris, Laffont, 1971, pp. 320-321.

12-16; Lc 22, 7-13). Matthieu écrit: «Le premier jour des pains sans levain», donc quand on prépare le pain de la Pâque, «les disciples vinrent dire à Jésus: "Où veux-tu que nous préparions le repas de la Pâque?" Il dit: "Allez à la ville chez un tel et dites-lui: Le maître dit: Mon temps est proche, c'est chez toi que je célèbre la Pâque avec mes disciples."» (Mt 26, 17-19) C'est clair. Le texte poursuit: «Pendant le repas, Jésus prit du pain.» (Mt 26, 26)

Au chapitre 22, Luc précise le déroulement de la Cène. Jésus partage la première coupe de la Pâque ancienne: «Il reçut alors la coupe et après avoir rendu grâce, il dit: Prenez-la et partagez entre vous. Car je vous le déclare: je ne boirai plus désormais le fruit de la vigne jusqu'à ce que vienne le règne de Dieu.» (vv. 17-18) Puis, c'est l'institution de l'Eucharistie: «Il prit du pain et, après avoir rendu grâce, il le rompit et leur donna en disant: "Ceci est mon corps donné pour vous. Faites cela en mémoire de moi." Et pour la coupe, il fit de même après le repas en disant: "Cette coupe est la Nouvelle Alliance en mon sang versé pour vous."» (vv. 19-20)

Le Christ présente l'Eucharistie comme la continuité et la réalisation de la Pâque traditionnelle. Il la place d'ailleurs là où avait lieu normalement l'immolation de l'agneau. Sur cette question, saint Jean Chrysostome écrit: «Pourquoi Jésus a-t-il accompli ce mystère au temps de Pâque? C'est pour nous montrer par toutes ces actions que c'est lui-même qui a établi l'ancienne loi, et que tout ce qu'elle contient n'est que l'ombre de la nouvelle. C'est pour cette raison qu'il joint la vérité à la figure. L'heure du soir nous marquait que les temps étaient accomplis, et que les choses étaient sur le point de toucher à leur fin.» Et il ajoute: «Si la figure a su nous délivrer d'une rude captivité, combien plus la vérité pourra-t-elle tirer tout l'univers de la servitude, et combler de biens tous les hommes! C'est pourquoi il n'avait pas voulu leur faire part de ces mystères avant le moment où la loi devait cesser. Il abolit la principale de leurs fêtes et les fait passer à une Pâque nouvelle et redoutable.»

Le sacrifice de la Pâque nouvelle

La mort du Christ est le sacrifice nouveau, unique, efficace et agréable à Dieu[2]. Or la consécration du pain et du vin que le Christ substitue à l'immolation de l'agneau rend présente à ce moment la mort du Christ. Augustin écrit: «Tout ce que les nombreux et divers sacrifices de l'Ancienne Alliance ont annoncé aboutit à cet unique sacrifice dévoilé par l'Alliance nouvelle[3].» Dans une lettre à Boniface, il ajoute: «Le Christ immolé une seule fois en lui-même est immolé tous les jours en sacrement[4].»

Comment l'Eucharistie réalise-t-elle la Pâque du Seigneur et la Pâque du peuple chrétien? L'Eucharistie

---

[2] Le Cabellec, *Croire à l'eucharistie*, Droguet et Ardant, 1983, chap. 5, pp. 76-81.

[3] P.L. 46, 826 (texte controversé).

[4] Lettre 98.

est un sacrement. Or un rite sacramentel rend présent ce qu'il signifie. Il est un signe sensible, porteur d'un sens, et actualise ce qu'il signifie. À la Cène, Jésus choisit ses mots: «ceci est mon corps *livré* [...] ceci est mon sang *répandu*». Tout attire l'attention sur le corps et le sang *qui seront effectivement séparés*. Ce qui est proprement le signe de la mort. «Toutes les fois que vous mangez ce pain et que vous buvez cette coupe, vous annoncez *la mort* du Seigneur, jusqu'à ce qu'il vienne.» (1 Co 11, 26) Jésus oriente le regard de notre foi vers sa mort. Puis volontairement, il limite l'effet que ses paroles doivent produire dans le pain et le vin. La substance du pain devient son corps, non son sang. La substance du vin devient son sang, non son corps. Ni le pain ni le vin ne désignent en totalité l'humanité de Jésus. La consécration séparée du pain et du vin signifie et représente la mort du Christ. Il la rend donc sacramentellement présente.

Mais dans la réalité de l'Eucharistie le Christ n'est pas dissocié. Il l'est au plan sacramentel. Le sacrement isole et sépare le corps et le sang et rend mystérieusement présente la mort du Christ. En réalité, *le Christ ressuscité* est tout entier présent, par concomitance, tout comme son âme et sa divinité. L'Eucharistie, par la consécration séparée du pain et du vin, signifie la mort du Christ et rend donc sacramentellement présente cette mort, ce sacrifice unique du Christ qui s'est offert «une fois pour toutes».

Le véritable sacrifice[5]

La Pâque nouvelle, celle de la Cène, se réalise sous la forme d'un sacrifice. Mais le sacrifice n'est pas d'abord une destruction, il n'est pas une négation; il est une action. Le Christ nous révèle ce qu'est le véritable sacrifice en instituant l'Eucharistie le jeudi saint… alors qu'il ne mourra que le lendemain. L'Eucharistie d'ailleurs est le mémorial de la Cène et, en conséquence, de la mort du Christ. Déjà, le jeudi, le Christ accepte volontairement et librement sa mort par amour pour son Père et pour les hommes. Le jeudi, en quelque sorte, il «se condamne» à mort; il rend présente sa mort. Il aurait d'ailleurs pu échapper à la mort en restant en Galilée. Il accepte par avance, librement et par amour de mourir. Jean nous dit: «Ayant aimé les siens qui étaient dans le monde, il les aima jusqu'à l'extrême.» L'amour triomphe. «Jésus triomphe du mal par le bien.» (Rm 12, 21) Le vendredi, Jésus subit la mort; il est «comme un agneau traîné à l'abattoir.» (Is 53, 7) Mais cette mort, il l'a déjà acceptée et «il s'est donné à la mort», le jeudi[6].

Dans l'Ancien Testament, le concept de sacrifice comporte deux éléments: une communion filiale dans l'amour et le don ou le renoncement nécessaire pour réa-

---

[5] Voir Pierre Le Cabellec, *op. cit.*, ch. 8, pp. 95-105.

[6] «À la Cène, Jésus a symbolisé par geste et parole ce qu'il devait accomplir le lendemain. Cet acte symbolique est une anticipation, et cette anticipation est une actualisation de son sacrifice sur la croix.» P. Larere, *L'eucharistie, Repas du Seigneur*, p. 33.

liser cette communion. Il revêt deux formes, celle d'un sacrifice de communion et celle d'un holocauste[7].

Le sacrifice est un acte d'amour réalisé en pleine liberté. Saint Augustin dit: «Un sacrifice est toute action faite pour entrer en communion d'amour filial avec Dieu[8].» Le sacrifice est d'abord et avant tout une communion dans l'amour. En quoi la mort du Christ est-elle un sacrifice? Elle ne l'est pas parce qu'elle le conduit à la mort et à la destruction de son corps; elle l'est parce qu'elle l'établit en communion avec son Père dans l'amour. Elle est acceptation de son état d'homme mortel dans un amour totalement soumis au Père. Elle est adoration parfaite et totale. Elle est sacrifice parce qu'elle est le passage du Christ dans la gloire du Père. Elle est fidélité totale, libre et aimante au Père. L'entrée dans la terre promise. La Pâque nouvelle est le passage de la vie terrestre à la Vie dans la gloire du Père. Jésus dit: «Père, je remets mon âme entre tes mains.» «Tout est consommé.» «J'ai conduit l'amour à son terme.» Évidemment, se vouer à l'amour implique des renoncements et parfois même la mort. Mais cette mort est vécue dans la paix et la sérénité; elle est résurrection et vie plus que mort.

Dans l'épître aux Philippiens, Paul écrit: «Lui qui est de condition divine n'a pas considéré comme une proie à saisir d'être l'égal de Dieu.» Il n'a pas réclamé

---

[7] Voir les pages 74 et 75.

[8] Voir C. Martini, *Sur les chemins du Seigneur*, Paris, Desclée de Brouwer, 1987, p. 361.

son droit d'être glorifié. «Mais il s'est dépouillé, prenant la condition de serviteur... Il s'est abaissé, devenant obéissant jusqu'à la mort, à la mort sur une croix.» Une traduction plus exacte tenant compte du contexte serait: «Il s'est soumis dans l'amour jusqu'au-delà de la mort.» «C'est pourquoi Dieu l'a exalté.» (Ph 2, 6-11) Le mot important est vraiment «C'est pourquoi». Entre l'exaltation et la mort, il n'y a pas qu'un lien chronologique. La glorification sort, jaillit de l'amour qui accepte l'abaissement. «Notre néant, quand il est accepté, devient l'espace libre où Dieu peut encore créer», écrit François d'Assise.

De vieilles versions du Psaume 40 (39) proposent le texte: «Tu n'as voulu ni sacrifice, ni offrande. *Tu m'as percé l'oreille*[9]... Alors j'ai dit: Voici je viens.» L'épître aux Hébreux a repris le texte: «En entrant dans le monde, le Christ dit: De sacrifice et d'offrande, tu n'as pas voulu, mais *tu m'as façonné un corps...* Alors j'ai dit: me voici... je suis venu, ô Dieu, pour faire ta volonté.» (He 10, 5-7) «Tu m'as percé l'oreille» est une allusion à la pratique juive à l'égard des esclaves. Comme leurs voisins, les Hébreux avaient des esclaves. Après six ans de service, l'esclave avait droit à la liberté (Ex 21, 2). Pourtant, certains d'entre eux s'étaient attachés à leur maître et ne voulaient pas quitter la famille qu'ils servaient. Alors le Deutéronome prescrit que «si cet esclave te dit: "Je ne désire pas sortir de chez toi" parce qu'il t'aime,

---

[9] La TOB traduit «tu m'as creusé des oreilles pour entendre» et commente en note: «Tu m'as donné des oreilles pour entendre et pour obéir à cette directive nouvelle et précise.» Édition intégrale, p. 1312, note y.

toi et ta maisonnée, et qu'il est heureux chez toi, alors en prenant le poinçon, tu lui fixeras l'oreille contre le battant de ta porte, et il sera pour toi un esclave perpétuel.» (Dt 15, 16-17) Ainsi, «tu m'as percé l'oreille» rappelle que c'est par amour que le Christ, librement, se soumet à son Père. Quand la volonté de l'homme se soumet dans l'amour à la volonté du Père, l'amour du Père transfigure cet homme. Jésus s'est soumis dans l'amour, *c'est pourquoi* Dieu l'a exalté dans la gloire. Le père Eyquem résume bien ceci, quand il écrit: «L'obéissance aimante de Jésus est la transcription en comportement d'homme de la relation de Fils qu'il a de toute éternité à l'égard du Père.» «Dieu cherche la foi, écrit Pierre Chrysologue, non la mort. Il a soif de ta promesse, non de ton sang. La ferveur l'apaise, non le meurtre. Tel est le désir de Dieu, lorsqu'il demande au saint Abraham de lui sacrifier son fils: Abraham en son enfant n'immole rien d'autre que son propre corps. Que Dieu cherchait-il d'autre auprès d'un père, sinon la foi lorsqu'il lui ordonne d'égorger son fils, mais l'arrête avant le geste final[10]?» On peut appliquer au Christ ce que dit Augustin de l'homme: «Ce que Dieu attend de toi ce ne sont pas tes biens, c'est toi-même.»

Le sacrifice du Christ est unique et efficace

Dans l'épître aux Hébreux, Paul nous le rappelle abondamment. «C'est par son propre sang qu'il est en-

---

[10] Sermon 108, P.L. 52, 501.

tré *une fois pour toutes* dans le sanctuaire, et qu'il a obtenu *une libération définitive.*» (He 9, 12) «Ainsi le Christ *fut offert une seule fois* pour enlever les péchés de la multitude.» (He 9, 28) Paul oppose les sacrifices répétés du culte ancien à l'offrande de Jésus qui n'a pas à être répétée car elle est efficace (He 9, 24 — 10, 14). «Il supprime le premier culte pour établir le second. C'est dans cette volonté que nous avons été sanctifiés par l'offrande du corps de Jésus, *faite une fois pour toutes* (He 10, 9-10). «Le Christ, par contre, après avoir offert pour les péchés un sacrifice unique, siège pour toujours à la droite de Dieu.» (He 10, 12) «Par une offrande unique, le Christ a mené pour toujours à l'accomplissement ceux qu'il sanctifie.» (He 10, 14) Jean Chrysostome résume cela quand il écrit: «Nous l'offrons mais en faisant anamnèse (mémoire) de sa mort. Celle-ci est unique, non multiple. Il est offert une seule fois, comme il est entré une seule fois dans le saint des saints. C'est le même sacrifice que nous offrons, non l'un aujourd'hui, l'autre demain. Un seul partout, entier partout, un seul corps...» «Notre grand prêtre a offert un sacrifice. C'est ce sacrifice que nous offrons encore maintenant.»

L'assemblée eucharistique
est le «sacrifice de l'humanité»

Les Pères de l'Église concevaient le rapport entre la messe et la croix comme le rapport entre la Cène et la croix. La Cène a anticipé symboliquement (sacramentellement) le drame du Calvaire et l'Eucharistie rend sacramentellement présent et actif le sacrifice de la croix. Max Thurian dit, avec raison: «L'Eucharistie est le sacrement de la présence du sacrifice unique du Christ poursuivant aujourd'hui pour les hommes l'application du salut.» Par la foi et par notre adhésion au Christ mort et ressuscité, notre sacrifice spirituel comme «membres» du corps mystique se rattache intimement au sacrifice de la «tête». Saint Augustin dit que la réalité célébrée par l'assemblée eucharistique n'est autre que le «sacrifice de l'humanité» non pas séparé de celui de Jésus, mais rendu signifiant par lui. H. Wackenheim écrit: «Le mouvement pascal — notre passage libérateur vers Dieu — ne peut être ni le fait de Jésus seul (puisqu'il n'est pas personnellement pécheur), ni le fait des hommes livrés à eux-mêmes (incapables de se désaliéner par leurs propres moyens). Le "sacrifice" pascal en quoi consiste essentiellement l'existence chrétienne désigne l'action conjointe du Christ et des hommes[11].» «Premier-né d'entre les morts», le Christ nous ouvre la voie et nous entraîne dans son sillage. Il est «la voie, la vérité et la vie».

Le Tout-Autre est inaccessible à l'homme. Les diverses religions et les cultes anciens sont des efforts humains inefficaces pour l'atteindre. Il a fallu que Dieu lui-même vienne, en toute gratuité, nous cueillir. Le Christ s'incarne, nous prend dans sa vie et retourne à

---

[11] Le symbole du vin et de l'eau trouve là son sens. Cyprien (260) écrit: «Si quelqu'un n'offre que le vin, le sang du Christ se trouve être sans nous. Si ce n'est que de l'eau, c'est le peuple qui se trouve être sans le Christ.» Cité par Béguerie, *Pour vivre l'eucharistie*, p. 222.

son père nous emportant avec lui. Il est «la voie». Il est absolument la seule route vers Dieu. Toutes les personnes sauvées le sont par lui, par l'Eucharistie qui vient porter dans leur vie sa mort et sa résurrection. L'Eucharistie est vraiment le «sacrifice de l'humanité».

> La vie du Christ, vouée à aimer le prochain, et celle des chrétiens, devenue conforme à celle du Christ, sont le vrai culte agréable à Dieu. [...] Cela signifie avant tout que le culte est un acte de toute la vie, que les gestes de charité vécus dans la vie quotidienne importent beaucoup. [...] Mais cela veut dire aussi que la vie est un culte; que les actes concrets de charité sont à insérer dans une vie qui obéit à Dieu, écoute sa parole, cherche sa volonté et adhère au Christ, lui qui a pleinement révélé le Père et accompli sa volonté[12].

Nous sommes des «hosties vivantes»

Le Christ fait le passage du temps à l'éternité. Il est glorieux dans l'éternité qui transcende et englobe le temps. Or nous sommes baptisés, dit Paul, «dans la mort et la résurrection de Jésus» (Rm 6, 3-4). Notre baptême nous donne l'Esprit de Jésus qui nous prend dans sa vie et fait de nous, déjà ici-bas, des membres mystiques de son propre corps ressuscité.

Toute personne animée par l'Esprit du Christ vit de sa vie. «Je vis, mais ce n'est plus moi, c'est le Christ qui vit en moi.» (Ga 2, 20) Toutes les actions actuelles qu'elle

---

[12] C. Martini, *Sur les chemins du Seigneur*, Paris, Desclée de Brouwer, 1987, p. 75.

pose sont déjà présentes dans la mort-résurrection du Christ. Elles sont déjà transfigurées par sa résurrection et acceptées par Dieu. Elle vit déjà mystiquement, mystérieusement en Dieu. Toute sa vie est sacrifice. Cela n'est pas évident pour elle qui vit encore dans le temps, mais, dans le Christ, elle est déjà sauvée.

Le rite de la Pâque ancienne exprimait le désir d'entrer en communion avec Dieu. La Pâque nouvelle fait vivre de la vie même de Dieu dans le Christ. Le Juif de la Pâque ancienne espérait que ses efforts pour entrer dans la terre promise soient un jour fécondés par Dieu. La Pâque nouvelle révèle que toutes ses actions sont déjà acceptées par Dieu dans le Christ mystique. «Dieu a voulu, écrivait Augustin, que nous fussions nous-mêmes son sacrifice[13].» Commentant la phrase de saint Paul: «Je vous conjure d'offrir vos personnes en hostie vivante», Pierre Chrysologue écrit: «Je vous en conjure par la miséricorde de Dieu, d'offrir vos personnes en hostie vivante. Frères, ce sacrifice s'inspire de l'exemple du Christ, qui a immolé son corps sans mourir, pour que les hommes vivent; et il a véritablement fait de son corps une hostie vivante, puisque mis à mort, il vit encore[14].» Vatican II nous rappelle ces perspectives:

> Le Christ Jésus, Grand-Prêtre éternel, voulant poursuivre également par le moyen des laïcs son témoignage et son service auprès des hommes, les vivifie par son Esprit et les invite sans cesse à toute œuvre bonne et parfaite.

[13] Augustin, Sermon 227.
[14] Pierre Chrysologue, Sermon 108, P.L. 52, 500.

En effet, ceux qu'il unit intimement à sa vie et à sa mission, il leur donne également part à son office sacerdotal pour qu'ils exercent un culte spirituel, afin que Dieu soit glorifié et les hommes sauvés. En conséquence, les laïcs voués au Christ et consacrés par l'Esprit Saint sont admirablement appelés et merveilleusement pourvus, en sorte que les fruits de l'Esprit croissent toujours en eux en plus grande abondance. En effet, toutes leurs actions, leurs prières, leurs initiatives apostoliques, leur vie conjugale et familiale, leur travail journalier, leurs loisirs et leurs divertissements, s'ils sont vécus dans l'Esprit, et même les épreuves de la vie supportées avec patience deviennent «des sacrifices spirituels agréables à Dieu par Jésus Christ» (1 P 2, 5); et ces sacrifices sont pieusement offerts au Père dans la célébration eucharistique avec l'oblation du Corps du Seigneur. De cette manière, les laïcs, en une sainte et universelle adoration, consacrent à Dieu le monde même[15].

«Nous sommes, nous, le temple du Dieu vivant.» (2 Co 6, 16) «Ne savez-vous pas que vous êtes le temple de Dieu et que l'Esprit de Dieu habite en vous?... Le temple de Dieu est saint et ce temple, c'est vous.» (1 Co 3, 16-17) (On lira avec profit les chapitres 9 et 10 de l'épître aux Hébreux)

Une démarche de foi

Se défaire d'une fausse conception du sacrifice. Vivre quelque chose de pénible sans amour est vain et écrasant. Vivre dans l'amour quelque chose d'agréable unit

---

[15] Constitution apostolique *Lumen Gentium*, n° 34.

à lui. Ce qui glorifie Dieu, c'est un homme qui fonctionne bien, qui entre librement dans le projet créateur et se prépare ainsi à voir Dieu. Dieu nous a créés pour la vie non pour la mort. «La gloire de Dieu c'est un homme vivant, or pour l'homme, vivre, c'est voir Dieu[16]», écrivait saint Irénée.

Aimer Dieu et se soumettre à son projet créateur au milieu d'hommes qui l'oublient ou le rejettent occasionnera nécessairement des souffrances et des contradictions. Il n'est pas nécessaire de s'imposer, d'une façon parfois masochiste, des pénitences et des souffrances. Le but, c'est toujours l'amour de Dieu, non le renoncement. Porter des renoncements avec amour permet de vivre dans la sérénité et dans la certitude de la résurrection. Porter le travail, l'inquiétude de ses enfants, le service de sa famille, les tracas d'une vie communautaire, porter la maladie et le vieillissement en solidarité avec les hommes, dans l'amour et l'espérance de la résurrection, c'est devenir une hostie vivante. Donc, je dois accepter les renoncements dans la mesure où je peux leur donner un sens et les porter dans la paix.

C'est précisément cet amour plus fort que les souffrances produites par les hommes qui est rédempteur, qui est salut, qui est vie, pour soi et pour les autres. La magnifique prière écrite par un prisonnier juif sur un papier d'emballage, juste avant son départ pour la chambre à gaz, révèle une profonde compréhension du sacrifice. Je la transcris:

---

[16] *Gloria Dei, vivens homo; vita autem hominis est Deum videre.*

Souviens-toi des hommes de mauvaise volonté

Seigneur, quand tu viendras dans ta gloire, ne te souviens pas seulement des hommes de bonne volonté, mais souviens-toi aussi des hommes de mauvaise volonté.

Ne te souviens pas alors de leurs cruautés, de leurs sévices, de leurs violences.

Souviens-toi des fruits que nous avons portés, à cause de ce qu'ils ont fait. Souviens-toi de la patience des uns, du courage des autres, de la camaraderie, de l'humilité, de la grandeur d'âme, de la fidélité qu'ils ont réveillées en nous.

Et fais, Seigneur, que les fruits que nous avons portés soient un jour leur rédemption.

* * *

Le Dieu inaccessible, infiniment puissant, le tout-autre, que les Juifs adoraient dans la Pâque primitive et qu'ils ont rencontré dans leur vie au désert, ce Dieu a envoyé son Fils pour partager notre vie, la transformer et en faire la route qui nous ramène à lui. Au ciel, nous connaîtrons le Père par le Fils et nous l'aimerons dans l'Esprit. Nous vivrons de la vie même de la Trinité. Animée par la foi au Christ, notre vie devient sa vie qui se poursuit en nous. Et notre vie, fondue dans le sacrifice du Christ, est déjà acceptée et accueillie par Dieu.

Le sacrifice du Christ rendu sacramentellement présent sur toutes les terres et au milieu de tous les peuples par l'Eucharistie est absolument la seule route par laquelle les êtres humains peuvent entrer en communion avec Dieu et vivre un jour de sa vie.

Le sacrifice dans l'Ancien Testament

Le sacrifice

«Le rite ne crée pas la présence divine, il l'accueille. Le divin et l'humain sont en contact permanent et l'opposition entre le saint et le profane n'est pas absolue[17].»

Le sacrifice dans la Bible

Chez les Hébreux, il y a deux formes de vie: la vie nomade est celle des tribus descendant d'Abraham et de Jacob; la vie sédentaire est celle des habitants de Canaan.

L'holocauste est le sacrifice des sédentaires

Holos: tout entier, et *kaiô*: brûler. La victime est entièrement consumée et détruite. En hébreu, «'olah» signifie «monter». La victime est «spiritualisée»; elle monte en fumée vers Dieu. C'est un don fait à Dieu en action de grâce. Par là, la victime est «rendue sainte», selon l'étymologie du mot «sacrifice»: *sacrum-facere*.

---

[17] Loisy, *Essai historique sur le sacrifice*, Paris, 1920, p. 7.

La communion est le sacrifice des nomades

«Shelâmin» désigne un sacrifice de paix et de pléni-tude. On immole une victime, puis on la mange dans un joyeux repas ou un banquet face à Dieu (Ne 8, 9-12). Donc, c'est l'entrée des hommes dans une communauté de vie avec Dieu, une communion. On ne mange de la viande que les jours de fête. Le sang, qui est la vie, est répandu sur l'autel. Le gras, qui est un principe vital, est brûlé en l'honneur de Dieu. On reconnaît le sacré présent dans la vie même.

Le deux grands rituels

La célébration de l'Alliance (Gn 15) est un échange de paroles: Dieu donne sa Parole, l'homme répond en s'engageant. Le rite du sang exprime le lien de l'Al-liance: on asperge l'autel, puis le peuple avec le sang d'un même animal sacrifié. Le sang est symbole de vie. Le peuple et Dieu partagent la même vie.

Le *Yom Kippour*: le jour du pardon (Ex 24, 3-8). Deux boucs sont tirés au sort. Le premier, le bouc «de Dieu» est une reprise de l'Alliance. Son sang est répandu sur le «propitiatoire», le *kapporeth*. *Kpr*, une racine hébraï-que, signifie «nettoyer, faire briller». Nettoyer sa face, c'est-à-dire apaiser, rendre propice. Au sens actif, c'est Dieu qui nettoie le péché. Dans Rm 3, 25; le propitia-toire est le lieu de la Parole de Dieu. Le bouc d'«Azazel», c'est le mal. On le charge de ses péchés et on l'envoie dans le désert où règnent les démons. C'est le «bouc émissaire». On rend au démon ses péchés après avoir été purifié. Jésus a refusé de jouer le rôle du bouc émissaire. Il enlève les péchés, il ne porte pas le châtiment à notre place.

La dynamique du sacrifice

Elle comporte trois temps: l'offrande, le passage et la communion. *L'offrande* n'est pas un simple don, elle est la reconnaissance de la qualité et de la transcendance de Dieu. *Le passage:* c'est le passage à l'autre, il est pressenti par l'acceptation de l'offrande qui manifeste une certaine sympathie. Ce passage est signifié par la mise à mort de la victime. Dans cette mise à mort, ce n'est pas la destruction qui est recherchée, mais l'entrée en communion avec Dieu. *La communion* est une relation nouvelle qui s'établit. L'acceptation de l'offrande par Dieu est plus qu'une réception. Elle est un échange, un retour vers moi de la personne à laquelle j'ai fait le don[18].

> Et tandis que chaque prêtre se tient chaque jour debout pour remplir ses fonctions et offre fréquemment les mêmes sacrifices, qui sont à jamais incapables d'enlever les péchés, le Christ, par contre, après avoir offert pour les péchés un sacrifice unique siège pour toujours à la droite de Dieu […]. Par une offrande unique, en effet, il a mené pour toujours à l'accomplissement ceux qu'il sanctifie. (He 10, 11-14, passim)

---

[18] Philippe Béguerie, *Pour vivre l'eucharistie,* Paris, Cerf, 1993, pp. 73-78.

Je vous exhorte donc, frères et sœurs, au nom de la miséricorde de Dieu, à vous offrir vous-mêmes en sacrifice vivant, saint et agréable à Dieu: ce sera là votre culte spirituel. (Rm 12, 1)

Les sacrifices anciens n'étaient pas efficaces. On les renouvelait souvent. Le sacrifice du Christ est efficace. Il est accueilli par le Père qui par l'Esprit le ressuscite dans la gloire. Puisque nous sommes présents dans le sacrifice du Christ, nous sommes déjà «par lui, avec lui et en lui» accueillis par le Père. La tête est au ciel. Les membres ne sauraient être séparés de Dieu. Nous sommes déjà sauvés dans le Christ[19].

---

[19] Après avoir déclaré: «La "damnation" ne doit donc pas être attribuée à l'initiative de Dieu, car dans son amour miséricordieux, il ne peut vouloir que le salut des êtres qu'il a créés», le Pape ajoute: «La damnation demeure une possibilité réelle, mais il ne nous est pas donné de connaître, sans révélation divine particulière, si les êtres humains – et lesquels – sont effectivement concernés.» (Allocution au cours de l'Audience générale du 28 juillet 1999) *Osservatore Romano*, n° 31, 3 août 1999, p. 12.

Chapitre 5

L'EUCHARISTIE, MYSTÈRE DE SALUT

Seigneur, libère-moi de mes efforts tendus et nerveux pour te servir et t'être fidèle. Donne-moi de comprendre que c'est toi qui est mon sauveur, mon rédempteur, et que je dois m'abandonner totalement à toi en vivant pleinement ma vie d'homme ou de femme sur la terre.

Non seulement la Pâque nouvelle est sacrificielle, mais le sacrifice de la Pâque messianique est littéralement notre salut (Rm 6, 3-11). Entrer dans la terre promise, c'est entrer, avec le Christ, dans la vie même de Dieu. Devenir «fils et filles de Dieu», «frères ou sœurs du Christ» et entrer avec lui dans la résurrection.

La Cène et la Pâque nouvelle

Comment le sacrifice du Christ nous rejoint-il? Qu'est-il pour chaque être humain et pour l'humanité? Qu'est-il pour moi? L'unique sacrifice du Christ — le seul qui pénètre le ciel — est le sacrifice du Royaume. «Je ne boirai plus désormais le fruit de la vigne jusqu'à ce que vienne le Règne de Dieu.» (Lc 22, 18) Mais qu'est-ce que le Règne de Dieu? Comment y sommes nous impliqués? Le Royaume de Dieu, disait Jésus, «il est en vous». Il est une dynamique, une contagion, une conspiration, une vie. Le Christ n'a pas proposé une doctrine, il n'a pas présenté une idéologie. Il n'avait qu'une préoccupation qui a animé toute sa vie: «le Royaume de son Père» (*basileia tou théou*). Le Royaume de Dieu, c'est un dynamisme de vie.

On parle parfois de «noyautage». Pour transformer un milieu, on envoie dans ce milieu un groupe d'hommes ou de femmes porteurs d'un esprit, d'une mentalité. Ils propagent cet esprit dans le milieu et peu à peu le transforment. On pourrait parler de «royautage» pour désigner le Royaume de Dieu. Il est l'ensemble des femmes et des hommes animés par l'Esprit du Christ qui veulent «noyauter» l'univers et l'humanité. Le Royaume de Dieu, c'est la conspiration de l'amour, la contagion de l'Esprit qui se répand.

Dans l'Ancien Testament, la bienveillance de Yahvé conduit son peuple vers la terre promise. Cette bienveillance se manifestait dans la vie et l'action du peuple juif. Elle dirigeait ses pas et donnait l'efficacité à son action. Conduit par l'Esprit, le Christ s'est soumis dans l'amour à son Père et il est ainsi entré dans sa gloire. Il communique aux croyants ce même Esprit qui l'animait, pour qu'ils suivent la même route que lui et réalisent la même Pâque. «Je suis le chemin.» (Jn 14, 6) Tous les humains qui accueillent cet Esprit et qui en vivent constituent, en vertu du sacrifice du Christ, le Royaume de Dieu. Leur «culte spirituel» les rattache au Christ, les insère dans son sacrifice. «Tous, baptisés en Jésus Christ, c'est en sa mort que nous avons été baptisés.» (Rm 6, 3) Le Royaume de Dieu est la présence active et efficace de Dieu dans la vie et l'histoire des humains animés par son Esprit pour conduire l'humanité dans le sein du Père. Avec raison, saint Cyprien appelle l'Église «le peuple réuni dans l'unité du Père, du Fils et de l'Esprit Saint».

Le Royaume de Dieu, c'est une transformation en profondeur dont l'aboutissement est sûr. Il est impossible de le localiser. Il est une conspiration, la conspiration de l'amour. La conspiration des personnes habitées par l'Esprit.

Les faux saluts

Comment le Christ, mort il y a 2000 ans, peut-il aujourd'hui réaliser notre retour à Dieu? Pour répondre, il faut purifier nos fausses notions de salut: certains voient le sauveur comme un «bouc émissaire». C'est le bouc choisi pour Azazel, le diable du désert. On le charge de ses crimes... puis on l'immole, en l'envoyant mourir dans le désert (Lv 16, 6-10. 20-22). Mais cela ne change rien et n'enlève pas les racines du péché de son cœur. La violence est partout. En mettre la responsabilité sur le dos du bouc ne la supprime pas. Souvent, on substitue au bouc des personnes, surtout les étrangères. Jésus refuse de jouer le bouc émissaire et rejette la violence

(Lc 11, 45-52). Il refuse de subir le châtiment pour camoufler la responsabilité du pécheur. «Ma vie, c'est moi qui la donne. On ne me l'enlève pas.»

D'autres voient le sauveur comme un payeur de dette. Au Moyen Âge, le suzerain insulté devait exiger une réparation adéquate, c'est-à-dire effectuée par une personne d'un rang égal à celui qui avait subi l'insulte. De là, le «et de son Père apaiser le courroux», du cantique populaire. Donc, un Dieu offensé exige qu'un Dieu paie et répare. Un Dieu sadique exige que son fils meure pour réparer (c'est une conception luthérienne). Cela ne change rien et l'homme reste pervers et méchant.

Se culpabiliser ne purifie pas son cœur. Dans la Bible, Satan est désigné comme une fonction. Il est l'accusateur, le médisant, le dénonciateur, le culpabilisateur, le délateur, l'adversaire, le menteur, le diviseur (c'est le sens du mot «diable»). Se culpabiliser ne change rien à la situation ou à l'état de l'être pécheur qui reste impuissant face à ses limites. Tous ces saluts apportés par de faux sauveurs ne libèrent en rien. Ils ne changent rien à notre vie conduite par un esprit terrestre, charnel ou en révolte contre Dieu.

Il faut un rédempteur qui apporte la libération de la part de Dieu et qui inscrive cette libération dans la réalité terrestre et quotidienne de notre vie, non seulement à son terme. Il faut une *métanoia*, une transformation qui nous accorde avec Dieu. Puisque chacun rencontre Dieu dans sa vie et dans ses relations avec les autres, le salut doit rejoindre notre vie quotidienne et nos relations interpersonnelles. Le «vieil homme» doit faire place à un «homme nouveau». Le salut implique une transformation du cœur.

L'Eucharistie réalise notre salut

Le Christ est «l'image de Dieu invisible» (Col 1, 15). Il révèle le Père. Le Père est amour, amour gratuit. Il accueille toujours, il donne et pardonne sans cesse. Par sa résurrection, le Christ nous révèle que l'amour vainc même la mort et le péché. Il déborde le péché et enlève l'angoisse. Par son acceptation de la mort dans l'amour, le jeudi, et par son entrée dans la gloire du Père, le Christ révèle que l'amour est plus fort que le mal, qu'il dépasse l'injustice et le péché. Il est l'Amour tout-puissant, l'Amour vainqueur. Le Christ refuse de jouer le bouc émissaire; il refuse d'accuser les autres et porte librement par amour et dans la liberté le poids de la violence qui le frappe. «Vous voulez ma vie... la voilà je vous la donne.» Il est vraiment le serviteur souffrant, l'Ebed Yahvé (Is 52, 13-53, 12).

L'Eucharistie réalise en nous la mort-résurrection, en nous associant à celle du Christ (Rm 6, 3). C'est le Christ total, tête et corps, qui est présent dans l'Eucharistie. Celle-ci réalise vraiment la rédemption dans notre vie. Elle vient la porter au cœur de notre quotidien. Au gré des heures, chacun peut donner au Christ pour qu'il l'emporte dans sa mort, non seulement ce qu'il fait de bien et de bon, mais aussi tout ce qui en lui a besoin de changer, tout ce qui en lui doit mourir pour être transformé et ressusciter. L'Eucharistie fait entrer nos vies dans le sacrifice toujours efficace du Christ. Elle nous permet de jeter dans le feu de l'amour du Christ la violence qui habite notre cœur pour qu'elle brûle à mesure qu'elle surgit et rayonne en chaleur et en lumière.

La structure des prières eucharistiques associe au sacrifice tous les humains: les vivants, les défunts, les saints du ciel et la Vierge. Les sacrements encadrent le cheminement des chrétiens et portent la grâce dans toutes les situations de leur vie. Or ces sacrements puisent leur efficacité dans l'Eucharistie: «Les sacrements, ainsi que tous les ministères ecclésiaux et les tâches, sont tous liés à l'Eucharistie et ordonnés à elle[1].» Le *baptême* fait entrer dans le sacrifice du Christ et permet de faire partie de ce sacrifice par sa vie quotidienne, d'être hostie vivante (Rm 6, 3). La *confirmation* rend responsable le chrétien qui participe activement au sacrifice par une foi adulte et agissante. La *réconciliation* réinsère dans la vie du Christ celui qui en est coupé par le péché. Elle «réactive» le baptême. L'*ordre* rend un chrétien apte à rassembler les humains dans la communion du Christ et fait de lui le signe sensible du Christ dans son immolation même. Le *mariage* fait vivre la complémentarité homme-femme comme une entrée dans l'union Christ-Église. L'*onction des malades* enfin insère l'agonie et la mort du Christ. Elle fusionne l'acceptation de la maladie qui annonce la mort avec l'acceptation du Christ devant sa croix. Le passage à Dieu s'effectue alors dans le passage même du Christ à son Père. Les bras du Père

---

[1] Congrégation du culte divin, *Rituel de la communion et du culte eucharistique en dehors de la messe*, 1973.

qui accueillent son fils nous enserrent dans la même étreine.

Plusieurs rites dans l'Eucharistie rappellent notre participation au mystère de la mort-résurrection du Christ. Le prêtre emploie le «nous» dans la célébration. C'est, en effet, le Christ total qui s'offre tout entier au Père. À la consécration, le prêtre dit: «Ceci est *mon* corps.» C'est qu'à ce moment, il représente et rend sacramentellement présent le Christ offrant personnellement son sacrifice au Père. Mais c'est avec tout le peuple chrétien que le Christ offre et qu'il s'offre. «Nous t'offrons, Seigneur...»

Le prêtre mêle l'eau au vin avant de l'offrir à Dieu. Cyprien de Carthages explique le symbolisme de ce geste. «Dans l'Apocalypse (17, 15), la divine Écriture atteste que les eaux désignaient les gentils... Ce sont des peuples, des foules, des nations, des langues. C'est aussi, nous le voyons, ce que renferme le mystère du calice. [...] Puisque le Christ nous portait tous, lui qui portait nos péchés, nous voyons que par l'eau, c'est le peuple qu'il faut entendre, et par le vin, le sang du Christ. Quand on mêle l'eau au vin dans le calice, c'est le peuple qui ne fait plus qu'un avec le Christ, c'est la foule des croyants qui se joint et s'associe à celui en qui elle croit. Cette jonction, cette association de l'eau et du vin s'accomplit dans le calice du Seigneur d'une façon indissociable; par conséquent, rien ne pourra séparer du Christ l'Église, c'est-à-dire le peuple constitué en Église et persévérant avec constance et fidélité dans la foi en celui en qui elle a cru; elle lui restera toujours attachée et l'amour fera des deux un tout indivisible. Ainsi donc, quand on consacre le calice du Seigneur, on ne peut pas plus offrir l'eau toute seule que le vin tout seul; si on n'offre que le vin, le sang du Christ se sépare de nous; s'il n'y a que de l'eau, c'est le peuple qui se sépare du Christ. Quand, au contraire, il y a mélange de l'un et de l'autre et que l'union s'opère entre eux sans qu'il n'y ait plus de distinction possible, alors le mystère spirituel et céleste s'accomplit. Le calice du Seigneur n'est ni l'eau seule, ni le vin seul si on ne les mêle pas, de même que le corps du Christ ne peut être ni la seule farine, ni l'eau si toutes les deux ne sont pas unies et confondues dans la cuisson d'un seul pain[2].»

La procession des offrandes avant l'offertoire, où les croyants offrent le fruit et parfois les instruments de leur labeur, rappelle la participation des êtres humains par leurs activités quotidiennes au mystère de mort-résurrection. La prière de l'offertoire le rappelle d'ailleurs: «Tu es béni, Dieu de l'univers, toi qui nous donnes ce pain, *fruit de la terre et du travail des femmes et des hommes*.» Après la consécration, s'adressant à tous les humains, le Christ dit: «Faites ceci en mémoire de moi.» C'est toute la vie du chrétien, signifiée par le travail pour pétrir le pain, dont le Christ invite à faire une hostie vivante que Dieu transfigurera dans le corps glorieux du Christ. Au moment de la communion, enfin, le prêtre élève l'hostie et la présente à l'assemblée en disant: «Le corps du Christ». C'est toute l'assemblée, avec

---

[2] Lettre 63, P.L. 4, pp. 372-389.

l'hostie bien sûr, qui est le corps du Christ. «Vous devenez le pain qui est le corps du Christ. C'est là comme un symbole de votre unité», dit Augustin.

L'Eucharistie, nourriture du Royaume

Dans le discours sur le pain de vie (Jn 6), Jésus dit: «Celui qui mangera ce pain vivra pour l'éternité. Et le pain que je donnerai, c'est ma chair donnée pour que le monde ait la vie.» (Jn 6, 51) Dans l'être humain, il y a la vie naturelle. Elle est nourrie par le pain, les légumes, les fruits. C'est elle que la manne a nourri au désert. Il y a la vie intellectuelle nourrie par la réflexion, la lecture, l'étude. Il y a aussi la vie affective. Elle est nourrie par la tendresse humaine, les émotions et les sentiments.

Le Christ nous donne la vie éternelle, la vie même de Dieu. Cette vie est accueillie et nourrie par la foi. Comment est-elle nourrie aussi par le corps du Christ? Jésus a dit: «Je suis le pain de vie.» Et aujourd'hui, il dit aux disciples de manger son corps. Les disciples le quittent et les apôtres menacent de partir. Pourtant, loin d'atténuer son message, Jésus le reprend: «Il faut manger mon corps.» Comment manger le corps du Christ peut-il nourrir la vie éternelle? C'est parce qu'accueillir le Christ en mangeant son corps ne peut se réaliser que dans la foi. Et la foi est l'aliment de la vie éternelle. Seule la foi au Christ ressuscité permet d'accepter que le pain puisse devenir le corps du Christ. *La communion nourrit ma vie si je l'accueille dans la foi.* Le Christ est présent dans l'hostie. Mais il est nourriture pour ma vie, quand je l'accueille dans la foi. «Celui qui mange le corps du Christ indignement, dit saint Paul, mange sa condamnation.» (1 Co 11, 27) Il rejette la foi.

Une autre raison pour laquelle le Christ insiste, c'est pour nous rappeler que notre vie spirituelle naît, croît et s'épanouit à travers notre vie humaine, ordinaire et terre à terre. De même que le pain, sous l'action de l'Esprit Saint et de la parole sacramentelle, devient le corps glorieux du Christ, ainsi ma vie naturelle, animée par la foi, devient ma vie en Dieu. Le lien entre la vie terrestre et la vie éternelle, entre ma vie et le Royaume, s'établit sur la foi que suppose la communion au corps du Christ. Par la communion au corps du Christ accueilli dans la foi, ma vie quotidienne est transfigurée.

Le Christ glorieux et nous

Nous sommes en route vers le Père, mais pourtant la vie du Royaume est déjà présente en nous. Le Christ en effet est déjà dans la gloire céleste. Le chrétien envahi par l'Esprit prolonge la vie du Christ. Celui-ci est encore vivant sur terre; il agit avec nos bras, marche avec nos jambes et aime avec notre cœur. «Je vis, mais ce n'est pas moi, c'est le Christ qui vit en moi.» (Ga 2, 20) Mais alors la gloire du ressuscité germe déjà en moi. Je suis déjà sauvé dans le Christ ressuscité. La tête du Christ, en son corps mystique, est déjà au ciel. Comment un membre pourrait-il en être séparé? La vie du Christ est présente en nous et son Esprit nous habite. Notre foi porte avec elle l'assurance d'être déjà sauvé dans le Christ.

Une démarche de foi

Revoir notre conception du Royaume de Dieu: il n'est pas une possession de la vérité, un style de vie ou un territoire à défendre. Entrer dans le Royaume de Dieu, c'est entrer dans le service des hommes et des femmes par le don de soi et le partage de sa vie. «Je donne la moitié de mes biens aux pauvres», dit Zachée. «Aujourd'hui, le salut est entré dans cette maison», répond Jésus.

Le lien entre le pain de la terre et le pain de Vie est inscrit dans le sacrement de la Pâque. C'est notre «pain quotidien» qui est changé, transformé dans le corps du Christ. Mais alors, il n'y a pas de corps du Christ aujourd'hui pour moi, pour les hommes et pour les femmes, sans le pain et le travail des personnes qui l'ont préparé. Il n'y a pas de corps du Christ, qui est l'Église, sans une communauté humaine enracinée dans des engagements terrestres et même charnels. La vie éternelle est la vie naturelle transformée par la foi au Christ mort et ressuscité et par la nourriture qu'est son corps.

«Aujourd'hui encore, après deux mille ans, ce Christ nous apparaît comme Celui qui apporte à l'homme la liberté fondée sur la vérité, comme Celui qui libère l'homme de ce qui limite, diminue et pour ainsi dire détruit cette liberté jusqu'aux racines mêmes, dans l'esprit de l'homme, dans son cœur, dans sa conscience[3].» Le père Schillebeeckx rappelle la place de l'Eucharistie

---

[3] *Le rédempteur de l'homme*, n° 12.

dans ce mystère de salut. «C'est dans ce morceau de pain faisant partie du cosmos que la grâce du Christ m'atteint dans l'Eucharistie[4].»

✳ ✳ ✳

Le mystère du salut

J'était scolastique jésuite et je préparais une réunion avec l'animateur de pastorale. Entendant circuler les élèves, celui-ci me dit: «Un moment, je dois remettre une lettre à un élève.» Il ouvre la porte et d'un geste appelle André qui passait: «Peux-tu donner cette lettre à Luc?» — «Je ne peux pas, répond celui-ci, parce que je ne lui parle pas.» — «Comment, reprend le père, tu ne lui parles pas et tu es dans la même classe que lui depuis trois ans!» — «À la "petite école", il m'a insulté devant tout le monde et, depuis ce temps, je ne lui ai jamais parlé.» Le père reprend: «Tu ne pourrais pas faire un effort et lui pardonner du fond du cœur?» — «Je voudrais bien, mais je ne suis pas capable», répond André.

Je me rappelle très bien les paroles que le père lui a dites alors. «Je te comprends. Pardonner, ça dépasse les forces d'un homme! Personne n'est capable de pardonner. Mais si tu veux, quand tu vas à la messe le matin, mets ta haine sur la patène, donne-la à Notre Seigneur; lui va t'en libérer. Il est venu pour cela. C'est lui

---

4 *Op. cit.*, p. 76.

le sauveur, tu sais. Il va emporter ta haine dans sa mort et, à la communion, le Christ ressuscité la transformera en amitié.» André est parti en disant: «Je peux bien essayer.»

Dix jours plus tard, j'étais dans le bureau du père. La porte s'ouvre. André entre, sans frapper, et se jette sur le divan en pleurant et en disant: «Ça y est, je lui ai parlé, je lui ai pardonné.»

Trois jours plus tard, je dînais avec le professeur d'André. Il me dit alors: «Je ne sais pas ce qui est arrivé à André, je ne le reconnais plus. Autrefois, il était triste et renfrogné; maintenant, il a l'air heureux et épanoui.» Par discrétion, je n'ai rien dit, mais je savais ce qui s'était passé. L'Eucharistie l'avait réconcilié avec lui-même et avec Dieu. C'est là, le salut que le Christ apporte.

Chapitre 6

LA PRÉSENCE DU CHRIST
DANS L'EUCHARISTIE[1]

Seigneur Jésus Christ, dans cet admirable sacrement,
tu nous as laissé le mémorial de ta passion; donne-nous
de vénérer d'un si grand amour les mystères de ton corps
et de ton sang, que nous puissions recueillir sans cesse
le fruit de ta rédemption.

---

[1] «Le débat s'est développé. Dans l'Eucharistie, la réalité présente est-elle représentation objective de la mort-résurrection ou un effet de l'acte sauveur? Est-ce la grâce conférée ou l'œuvre rédemptrice elle-même qui est présente? L'Eucharistie est-elle une représentation objective ou effective? [...] Dom Casel apporte une réponse nuancée. Les événements historiques comme tels sont passés et le restent. Par contre, il y a une présence objective de l'acte sauveur. Plus donc que la présence du seul effet de l'acte, l'acte sauveur, non au plan historique mais au plan de la réalité absolue, devient présent comme événement du salut. Cela, non en raison des deux natures dans le Christ, mais en raison de son unité.» Schillebeeckx, *Le Christ sacrement de la rencontre de Dieu*, Paris, 1967, p. 71. (On lira avec intérêt les pages 43s. sur la présence du Christ et les pages 81 et 82, chemin d'intériorité). Du même auteur: *La présence du Christ dans l'eucharistie*, Paris, Cerf, 1970, 152 p.

Le Christ est présent dans l'hostie «avec son corps, son sang, son âme et sa divinité», nous dit la foi. Mais pour la raison, cela semble inadmissible. Évidemment, il y a là un mystère. Mais pour qui croit à la résurrection du Christ, cette présence du Christ est cohérente avec sa foi.

La pratique des différentes Églises

Les Églises protestantes qui croient à la présence du Christ dans l'Eucharistie et les Églises orientales n'ont pas instauré de culte spécial à Jésus-Hostie. Le sacrement s'inscrit dans le pain donné en nourriture au cours d'un repas. La réserve est conservée pour les malades et les absents. Les protestants consomment les surplus après la messe. Les catholiques orientaux conservent l'hostie dans un tiroir *ad hoc*, identifié par une icône, pour les malades et le viatique, sans lui rendre un culte particulier. Seule l'Église catholique occidentale a établi un culte spécial à l'égard de Jésus-Eucharistie: processions, bénédictions de Saint Sacrement, quarante heures, heures saintes, etc.[2]

---

[2] Voir Larere, *L'eucharistie, Repas du Seigneur*, p. 93. L'élévation de l'hostie à la messe: Au XIIIe siècle, on communiait peu. «L'évêque de Paris ordonne d'élever l'hostie pour que les fidèles la voient.» «En 1229, l'évêque de Liège, à la suite de visions reçues par Julienne du Mont Cornillon, institua une fête de l'Eucharistie que son archidiacre devenu le pape Urbain IV étendit à tout l'Occident en 1264.» Les «Quarante-heures» et les saluts du Saint Sacrement sont de 1534.

Pourquoi rendre un culte à Jésus-Hostie?

La Sacrée Congrégation pour le culte divin nous donne trois raisons. Toutes se rattachent à la mort-résurrection du Christ. «La célébration de l'Eucharistie dans le sacrifice de la messe est, en vérité, la source et la fin du culte rendu à ce sacrement[3].» Cela se fait de trois façons. «La fin première et primordiale de la conservation des saintes espèces... est l'administration du viatique. Les fins secondaires sont la distribution de la communion et l'adoration de Notre Seigneur Jésus Christ présent dans le sacrement.» (n° 14)

Le viatique

L'acte le plus important de la vie chrétienne c'est de s'unir au Christ dans sa mort pour effectuer «par lui, avec lui et en lui» son entrée dans le sein du Père. Or recevoir le corps du Christ permet d'accueillir les grâces qu'apporte son sacrifice et d'identifier, dans un acte aimant et libre, son propre passage au Père avec celui du Christ dans l'Eucharistie.

La distribution de la communion

La Sacrée Congrégation explicite les deux dimensions de cette communion en dehors de la messe: puiser

---

[3] *Rituel de la communion et du culte eucharistique en dehors de la messe*, 1973. Les numéros renvoient à ce texte.

à la source qu'est le Christ dans sa mort-résurrection et à la vie de la communauté qui en célèbre le mystère, d'une part, et s'unir à son sacrifice, d'autre part. «Il convient que les personnes empêchées d'assister à la célébration eucharistique communautaire soient restaurées pleinement, et qu'ainsi elles se sentent unies à la communauté et soutenues par la charité de leurs prières.» (n° 14) «Il faut enseigner clairement aux fidèles que même en communiant en dehors de la messe, ils s'unissent intimement au sacrifice qui perpétue celui de la croix et qu'ils participent au repas sacré.» (n° 15)

L'adoration du Christ en sa mort-résurrection

Le Christ présent dans l'hostie, c'est le Christ rédempteur. Il y est présent pour continuer l'exercice de son action réconciliatrice. De l'hostie où il réside, il réalise et poursuit son sacrifice pour l'humanité entière. «Les sacrements, ainsi que tous les ministères ecclésiaux et les tâches apostoliques sont tous liés à l'Eucharistie et ordonnés à elle.» (n° 15)[4] Le Christ eucharistique inspire et transfigure la vie des croyants. C'est comme source de cette activité rédemptrice qu'on l'adore dans l'hostie. Il faut s'exposer à son action salvifique. Attraper «un coup de Saint Sacrement», comme on attrape un coup de soleil en se laissant toucher par son action.

------

[4] On lira avec intérêt Pedro Arrupe, *La sainte eucharistie dans ma vie. Causerie aux membres du Mouvement Eucharistique des jeunes*, Rome, 1980. Publié par les CVX, Supplément n° 16 de la revue *Progressio*.

L'action rédemptrice du Christ

La mort du Christ est aussi son entrée dans la gloire. En toute liberté, avec beaucoup d'amour et de soumission au Père, le Christ a accepté sa vie d'homme et sa mort. Cela l'a conduit dans la gloire du Père. La mort du Christ est aussi son exaltation (Ph 2, 5-11). La résurrection du Christ n'est pas une simple réanimation. Elle est la transformation par l'Esprit, au-delà de la mort, d'une vie corruptible en une vie incorruptible, spiritualisée, transfigurée. Le Christ exalté dans la gloire ne meurt plus. Il a vraiment vaincu la mort (1 Co 15, 42-45; Ph 3, 21).

L'exaltation du Christ doit être manifestée aux hommes. C'est le rôle des apparitions. La résurrection du Christ échappe à notre expérience humaine. Pour achever sa mission, le Christ doit donc faire découvrir à ses disciples cette expérience de résurrection qui révèle la mort com-me route vers le Père. Les apparitions manifestent aux disciples sa présence vivante dans le monde au-delà de la mort et la nouveauté de sa vie glorieuse pour qu'ils puissent en être les témoins: «Ce que nous avons vu...» (1 Jn 1, 3) Christ est vivant. Il est différent: les disciples ne le reconnaissent pas d'emblée... Marie Madeleine, les disciples d'Emmaüs, les apôtres à Tibériade... Ils le reconnaissent à sa voix, à ses gestes familiers, à ses plaies... Il est là, «portes closes», dominant la matière, l'espace et le temps. Sa présence est active et transformante. Les relations du Christ avec les hommes, les femmes et les choses sont différentes. Il est avec eux pour les changer, pour que sa vie nouvelle passe en eux. Il leur donne un nouveau dynamisme, celui de l'Esprit… De timides, les disciples deviennent audacieux[5]; leur liberté s'affermit. Leur regard sur l'univers et leur attitude sont changés… par sa présence au milieu d'eux. Une présence qui durera toujours: «Je suis avec vous jusqu'à la consommation des siècles.» Quand la foi de l'Église est établie et affermie, le Christ déclare: «Parce que tu m'as vu, tu as cru; heureux ceux qui, sans avoir vu, ont cru.» (Jn 20, 29) Il est impossible pour nous d'avoir une expérience sensible et directe du ressuscité dans l'histoire. Le temps des apparitions était nécessaire pour fonder la foi de l'Église. Ce temps est clos.

Le monde, privé de la manifestation sensible de la gloire du ressuscité, devient, par la foi en sa présence dans l'hostie, le témoin du Christ glorieux (voir 1 Co 15). Le Christ ressuscité est le Christ toujours présent dans la création matérielle pour lui communiquer son Esprit et la conduire à son achèvement. Les rayons de l'ostensoir sont les rayons de l'action salvifique du Christ plus que le rayonnement de sa gloire et de sa transcendance.

Par le don de son Esprit, le Christ eucharistique glorifie l'homme. «Si l'Esprit de Celui qui a ressuscité Jésus d'entre les morts habite en vous, Celui qui a ressuscité Jésus Christ d'entre les morts donnera aussi la vie à vos corps mortels, par son Esprit qui habite en vous.»

---

[5] Sur ce sujet, on lira John Haughey, *Quand Dieu conspire: l'œuvre de l'Esprit au milieu des hommes,* Paris, Pneumathèque, 1977, 154 p.

(Rm 8, 11; voir aussi Ep 1, 3. 5; Rm 8, 29; Col 1, 15-17) Cyrille d'Alexandrie écrit: «Toute créature tombée dans la mort ne reviendra-t-elle pas à la vie? Mais si, répondons-nous, toute chair revivra; la résurrection des morts nous est annoncée par le prophète. Nous comptons bien en effet que le mystère relatif à la résurrection du Christ s'étende à toute l'humanité et nous croyons qu'en lui, et en lui pour la première fois, notre nature entière a été délivrée de la corruption. Tous donc ressusciteront en vertu de leur ressemblance avec celui qui est sorti de la tombe à cause de nous et qui nous contient tous en lui du fait de son humanité. Et de même qu'en Adam, le premier homme créé, nous étions enfermés dans les liens de la mort, de même en Jésus, le premier-né pour nous, tous ressusciteront d'entre les morts[6].»

Le Christ est la tête de l'humanité appelée par Dieu à la «déification» et nous sommes, à ce titre, les membres de son corps: «Je vis, mais ce n'est plus moi qui vis, c'est le Christ qui vit en moi», disait saint Paul (Ga 2, 20). Dieu — dans le Christ glorieux — engloutit notre corruptibilité dans son incorruptibilité (1 Co 15, 19-22). Dans le Christ glorieux, l'homme n'est pas supprimé mais accompli (Voir aussi Rm 8, 1-25). Donc dans le ressuscité nous sommes fils adoptifs de Dieu. Nous ne sommes pas liés au Christ par le péché et la rédemption,

---

[6] Comm. en saint Jean IV, 2 et 3; P.G. 73, 572.

mais d'abord par le projet créateur du Père qui veut faire de nous des fils adoptifs (Ep 1, 3-5)[7].

Le Christ ressuscité glorifie le monde matériel (Rm 8, 18-23). Non seulement l'homme et la femme entreront dans la gloire du fils avec leur corps, mais même le monde matériel connaîtra la gloire du Christ de la parousie. Le Christ «est l'image du Dieu invisible, premier-né de toute créature, car c'est en lui qu'ont été créées toutes choses dans les cieux et sur la terre, les visibles et les invisibles, tout a été créé par lui et pour lui. Il est, lui, par-devant tout; tout est maintenu en lui.» (Col 1, 15-17; voir aussi Col 1, 13-20) «La création sera elle aussi libérée de l'esclavage de la corruption.» (Rm 8, 21) Nous attendons comme un sauveur le Seigneur Jésus Christ, qui transfigurera notre corps de misère pour le conformer à son corps de gloire, avec cette force qui le rend capable aussi de tout soumettre à son pouvoir.» (Ph 3, 20-21) «La création tout entière gémit maintenant encore dans les douleurs de l'enfantement.» (Rm 8, 22)

Le Christ ressuscité est donc un Christ transfiguré, incorruptible, immortel, éternel, vivant, un Christ spirituel et c'est sa mort qui l'a ainsi transformé, ressuscité… par l'Esprit Saint. La mort du Christ, c'est aussi sa résurrection, qui est l'accomplissement du projet originel

---

[7] Dans une allocution lors de l'Audience générale du 28 juillet 1999, le pape Jean-Paul II disait: «La "damnation" ne doit pas être attribuée à l'initiative de Dieu, car dans son amour miséricordieux, il ne peut vouloir que le salut des êtres qu'il a créés», dans *Osservatore Romano,* n° 31, 3 août 1999, p. 12.

de Dieu à l'aube de la création. Il est aussi le mystère de l'absorption de l'univers dans son corps ressuscité, le mystère de sa maîtrise totale sur la création par le don de son Esprit. Le Christ ressuscité a le pouvoir de transformer toutes choses. La résurrection ne promet pas l'éternité du monde matériel, mais sa transformation définitive en «cieux nouveaux et terre nouvelle» qui seront la création dépouillée de ce qui la livre à la dégradation et à la mort (2 P 3, 13). Le pouvoir de la résurrection est «retenu» pour que l'histoire du monde se poursuive. Le P. Schillebeeckx écrit: «Nous sommes engagés en un temps où coexistent le "déjà" et le "pas encore" qui caractérisent le temps de salut qui s'écoule entre la résurrection et la parousie.» À la parousie, le Christ «convertira» l'univers dans le corps de sa gloire. L'univers, dans une soumission inconsciente au pouvoir qu'a le Christ de la transfigurer, et nous, dans l'allégresse des libertés comblées, nous serons transformés.

L'Eucharistie à la lumière de la résurrection

Le Christ vivant, c'est le Christ ressuscité; or l'Eucharistie est le sacrement du Christ vivant. L'Eucharistie est donc le sacrement du Christ ressuscité. La résurrection échappe à notre expérience humaine, mais Jésus laisse à notre foi un signe, un sacrement de sa résurrection, c'est l'Eucharistie. Le Christ est la vie du monde, il doit donc s'y rendre présent de quelque manière. Il y est présent par son Esprit, par l'Évangile, par le visage de nos frères et de nos sœurs, mais aussi par son corps glorifié dans l'hostie. Pour témoigner de la résurrection et du rôle irremplaçable du Christ, le monde a besoin de sa présence active de ressuscité en son sein pour le transfigurer. C'est sa présence eucharistique. Il a aussi besoin de chrétiens et de chrétiennes qui, par leur vie transfigurée par la foi, sont les témoins et la preuve de cette résurrection.

La présence du Christ dans l'Eucharistie

Querelles d'écoles[8]

«L'Eucharistie contient vraiment, réellement et substantiellement le corps, le sang, l'âme et la divinité de Jésus Christ sous les apparences du pain et du vin», nous dit la définition dogmatique de Pie X. Certains ont tenté d'expliquer rationnellement la présence du Christ dans l'hostie. Ils l'ont fait en partant de la réalité matérielle, alors que le corps du Christ est spiritualisé. De là, bien des fantaisies naïves. On a parlé en termes de contenu/contenant: cette proposition a été condamnée. On a parlé de la descente du Christ dans chacune des hosties: proposition aussi condamnée. Le Christ n'est pas changé ou déplacé par la consécration. L'hostie devient le corps du Christ. Une naïve imagination sentimentale parle

---

[8] Pour un excellent résumé de la position thomiste, voir Dom Charles Massabki, *Le Christ rencontre de deux amours*, Paris, Éd. de la Source, 1958, pp. 1317-1440. Voir, sur la définition du Concile de Trente, E. Schillebeeckx.

d'une hostie percée... qui se met à saigner. Le Christ n'est pas réanimé, il est ressuscité.

Dans la philosophie d'Aristote, le mot «transsubstantiation» est enfermé dans un cadre de pensée étranger aux penseurs et aux scientifiques modernes. Le mot «substance» est ambigu. Vatican II l'évite. Le P. Schillebeeckx a inventé les mots «transfinalisation» et «transsignification». Tertulien, Ambroise et les Pères de l'Église employaient le mot «transfiguration» (1 Co 15, 42-56). Ils ont aussi parlé de «transformare, transfigurare, transfundere, transmutare» et de transformation radicale.

Parfois, en tentant de concilier la présence du Christ et les apparences du pain et du vin, on semble chercher à expliquer avec des mots issus d'un monde matériel la gloire spirituelle du Christ. On pose le problème comme si le Christ avec son corps physique remplaçait le pain (le mot «transsubstantiation» y invite). C'est vouloir décrire le ciel avec des mots et des concepts de la terre.

Le Christ ressuscité est le Christ de l'incorruptibilité, le Christ de la plénitude, le Christ qui confère à la création et aux hommes leur totalité d'être, le Christ qui conduit la création à son accomplissement, le Christ qui parachève la création et la ramène au Père. Le Christ qui fait passer le monde, l'univers de la corruptibilité à l'incorruptibilité, de la mortalité à la «vitalité», du temps à l'éternité. Le passage de la corruptibilité, qui dit domination de la mort sur l'homme, à l'incorruptibilité, qui est domination de l'homme sur la mort, se réalise en vertu du pouvoir qu'a le Christ de se soumettre l'univers. Ce passage effectue un changement d'état de l'univers; la vie continue mais transformée. Tout cela est réalisé dans le Christ glorieux. Mais il ne sera apparent, visible et réalisé pour le monde qu'à la fin des temps, à la parousie. L'Eucharistie, dit le père Schillebeeckx, est une parousie sacramentelle: une parousie, parce qu'elle est présence du Christ transformateur de l'univers; sacramentelle, parce que l'action de ce Christ transformateur est encore cachée... Le pain et le vin sont transformés, sont «ressuscités» dans le Christ. Ils atteignent déjà d'une façon mystérieuse et sacramentelle la gloire qui attend l'univers dans le Christ glorieux. «Le Christ est présent dans l'Eucharistie en tant qu'il exerce en toute modestie, c'est-à-dire sous le voile symbolique des signes, son action souveraine», écrit G. Martelet, qui ajoute: «De même que le Christ ressuscité est bien moins contenu dans le monde que le monde n'est contenu en lui, de même peut-on dire que le Christ est bien moins *dans* le pain et le vin que l'un et l'autre ne se trouvent en lui, "convertis" et changés en la nouveauté de sa vie.»

Il ne faut donc pas croire que le pain et le vin «aspirent» le Christ en eux, mais que le Christ glorieux «aspire» déjà le pain et le vin dans sa gloire. Il ne faut pas croire que le pain et le vin changent le Christ, le déplaçant du paradis pour qu'il vienne en eux, mais que le Christ glorieux transforme le pain et le vin qui entrent en lui dans sa gloire. La présence du Christ dans l'Eucharistie est une présence transformante, une présence de résurrection. C'est ainsi qu'est affirmé dans le monde et reçu par notre foi le signe de la résurrection. «Qui mange ma chair et boit mon sang a la vie éternelle et je le ressusciterai au dernier jour.» (Jn 6, 54) «Qui mange ma chair et boit mon sang demeure en moi et moi en lui.» (Jn 6, 56) Il est impossible de croire à l'Eucharistie sans croire à la résurrection. Comment un corps mortel, physique, peut-il exister sous les apparences du pain? Cela n'est possible que pour un être incorruptible, spirituel et capable de transfigurer tout l'univers.

Le culte à Jésus-Hostie

Le culte à Jésus-Hostie est légitime, car le Christ est présent sous les apparences du pain et du vin «avec son corps, son sang, son âme et sa divinité». Quel est le sens de ce culte? Il est l'expression et l'affirmation directe de sa foi en la résurrection; il est l'éclosion d'une espérance, d'une certitude: celle d'entrer un jour nous aussi avec notre corps et tout notre être, transfigurés par la puissance de l'Esprit, dans la gloire du Père; il est le fondement de la paix et de la joie exubérantes du chrétien qui sait que tout concourt au bien de ceux qui aiment Dieu, et que ceux qui croient au Christ réssuscité hériteront de la vie.

Le culte eucharistique doit manifester la foi en la résurrection du Christ et en son action transformante dans le monde. L'adoration, les prières, les congrès eucharistiques, les processions sont des manifestations de foi qui éclatent dans la joie et la fête. Ils manifestent aussi l'espérance et la paix basées sur la certitude de la foi et l'efficacité de l'action du Christ. Combien de chrétiens retrouvent devant le tabernacle la paix du cœur! On se rappelle Claudel et Frossard. Ce culte manifeste enfin la charité du Christ qui anime nos vies et fait éclater nos limites humaines. Les processions, les fêtes, les congrès manifestent la dimension sociale, humaine et fraternelle de la foi au Christ ressuscité.

Une démarche de foi

Il est bon de retrouver le goût de «perdre du temps» devant l'hostie, de se laisser réconcilier par le Christ eucharistique, de baigner tout simplement dans son rayonnement. Attraper «des coups de Saint Sacrement», comme des coups de soleil qui nous transforment à notre insu pourvu qu'on se soumette à son action dans la confiance.

Affirmer sa foi en la présence active et permanente de l'Esprit du Christ agissant dans l'univers. Attendre du Christ eucharistique le don de son Esprit transformateur. Affirmer enfin, au-delà des images négatives qu'on en donne, son espérance en l'avenir de l'univers.

* * *

Le tableau principal de la chapelle des Trinitaires à Mont-Plaisant fait le lien entre la Trinité et l'Eucharistie. Elle présente le Père, le Christ en croix et l'Esprit emportés par un même mouvement. Un bras du Christ se détache de la croix pour attirer dans son mouvement vers le Père l'homme qui se tient près de la croix. La Trinité libère les hommes captifs de leur état terrestre pour les emporter, par le Christ, dans le souffle de l'Esprit vers le Père. C'est là le rôle du Christ eucharistique: libérer les êtres humains de leur état terrestre et mortel pour les conduire au Père par le don de l'Esprit qui habite en lui. Le Christ fait participer à la vie trinitaire.

✳ ✳ ✳

La véritable réalité des choses se trouve dans ce que Dieu veut qu'elles soient pour la créature.

Leenhardt

Chapitre 7

L'ALLIANCE: LE DON DE L'ESPRIT

Seigneur Dieu, envoie en nous ton Esprit Saint; qu'il envahisse notre cœur, qu'il le garde continuellement en communion avec toi. Ainsi libérés des idoles qui envahissent nos vies, nous irons spontanément vers toi dans un élan de confiance et d'abandon.

C'est ensemble, d'une seule volée, que les Hébreux sont sortis d'Égypte. Cette expérience de l'exode leur a fait prendre conscience qu'ils formaient un peuple. Seul, le Juif est impuissant. En communion avec les autres, il vainc ses peurs. L'exode affermit cette solidarité. Yahvé prépare le peuple qui formera le corps que son Fils assumera dans le monde. Perdu dans le désert, ce peuple est fragile. Yahvé lui fait vivre une nouvelle expérience pour affermir son unité. Il conclut une Alliance avec lui. Il donne une forme particulière à la relation unique qui s'établit entre lui et son peuple.

Certes, cette Alliance a été préparée par les liens privilégiés que Yahvé a toujours entretenus avec le peuple hébreu. Il a fait une «Alliance éternelle» avec Noé

(Gn 9, 8-17); avec Abraham (Gn 15, 9-12; 17s), il conclut aussi une Alliance et établit un rapport entre elle et le signe de l'Alliance, la circoncision. Mais c'est au Sinaï que Yahvé conclut par le don de la Loi *l'Ancienne Alliance* (Ex 20, 24). Elle sera suivie de l'Alliance messianique avec David (2 S 7), avec la promesse d'un descendant qui sera appelé Fils de Dieu et qui assurera la permanence de la maison de David.

C'est dans cette relation privilégiée du peuple hébreu avec Yahvé que se situe l'Alliance du Sinaï. Dans le milieu où vivent les Hébreux, les chefs de clan utilisent un rite particulier pour sceller une Alliance entre deux tribus et régler les relations entre des groupes humains. Les médiateurs établissent un protocole et promettent mutuellement de le respecter. Ils tuent ensuite une bête et paradent entre les deux quartiers de l'animal fixés à des piques en disant: «Si je manque à ma parole qu'il m'arrive ce qui est arrivé à cet animal.» Donc, il y a la promesse de respecter *une loi,* promesse scellée dans *le sang* d'un animal[1]. Israël a utilisé cette expérience politique pour exprimer le lien qui l'unissait à Dieu. «Si l'Alliance fait de la vie d'Israël un *dialogue* avec Dieu, elle ne supprime pas pour autant l'inégalité des partenaires, car la morale de l'Alliance est avant tout une *réponse* à l'initiative absolument gratuite de Dieu. L'obéissance à la loi de l'Alliance, plus qu'une source de méri-

---

[1] Voir la TOB, A.T., éd. intégrale, Gn 15, 18, p. 67 note i. De nos jours, les deux chefs signent un même document devant les caméras de télévision et se serrent la main.

tes est une action de grâces, une reconnaissance de ce que Dieu a fait le premier[2].»

L'Alliance, un événement central

La messe du vendredi après Pâques propose l'oraison suivante: «Dieu éternel et tout-puissant, tu nous as offert le sacrement de Pâques pour nous rétablir dans ton Alliance; accorde-nous d'exprimer par toute notre vie ce mystère que nous célébrons dans la foi.» L'Eucharistie de la Pâque nouvelle nous rétablit dans l'Alliance ancienne en la réalisant en plénitude.

Vatican II rappelle d'ailleurs souvent l'Alliance: «Dans l'Eucharistie [...] s'opère la rénovation de l'Alliance du Seigneur avec les hommes.» (Constitution sur la liturgie, n° 10). La Constitution dogmatique sur l'Église résume l'histoire de l'ancienne Alliance pour présenter l'Eucharistie qui scelle la Nouvelle Alliance (n° 9). Le décret sur la vie et le ministère des prêtres rappelle «l'oblation du Christ scellant en son Sang la Nouvelle Alliance» (n° 4). Les textes de l'institution de l'Eucharistie parlent tous de l'Alliance: «Cette coupe est la Nouvelle Alliance en mon sang versé pour vous.» (Lc 22, 20) «Buvez-en tous, car ceci est mon sang, le sang de l'Alliance, versé pour la multitude, pour le pardon des péchés.» (Mt 26, 27-28) «Ceci est mon sang, le sang de l'Alliance, versé pour la multitude.» (Mc 14, 24) «Cette coupe est la Nouvelle Alliance en mon sang;

---

[2] Voir *id.*, p. 165 note j.

faites cela toutes les fois que vous en boirez en mémoire de moi.» (1 Co 11, 25) Enfin, toutes les prières eucharistiques parlent de l'Alliance Nouvelle.

L'Alliance ancienne

Le sang de l'Alliance

Marc et Matthieu répètent les mots mêmes de l'Alliance de Moïse sur le Sinaï, qui est un événement central de l'histoire d'Israël. C'est l'événement qui, avec l'exode, a fait d'Israël un peuple libre. «Je vous fais sortir d'Égypte afin que vous ne soyez plus leurs serviteurs.» (Lv 26, 13) Le peuple juif sera appelé «le peuple de Dieu». Le peuple du Dieu qui le libère: «Vous serez pour moi un royaume de prêtres et une nation sainte. Telles sont les paroles que tu diras aux fils d'Israël.» (Ex 19, 6)

Le geste de Moïse (Ex 24, 4-8)

Moïse emprunte au rite populaire pour sceller la célébration de l'Alliance entre Dieu et son peuple. Dieu révèle à Moïse *la loi*. Celle-ci n'est pas un code mais une révélation. C'est une initiative de Yahvé pour libérer intérieurement son peuple. C'est pourquoi l'événement du Sinaï est appelé «le don de la loi» (*Mattan Torah*). Moïse confie aux jeunes israélites la mission d'offrir à Yahvé des holocaustes en sacrifice de communion. «Il envoya les jeunes gens d'Israël; ceux-ci offrirent des holocaustes et sacrifièrent au Seigneur des taurillons comme sacrifice de paix.» (Ex 24, 5) Il obtient ainsi *le sang* nécessaire pour accomplir le rite de l'Alliance. «Moïse prit la moitié du sang et la mit dans les coupes; avec le reste du sang, il aspergea l'autel.» (v. 6) L'autel représente Dieu[3]. Moïse proclame la loi (v. 7): c'est le code de l'Alliance ou le décalogue (Ex 20, 22s.). Le peuple accepte la loi et s'engage à l'observer. Moïse asperge alors le peuple: «Moïse prit le sang, en aspergea le peuple et dit: "Voici le sang de l'Alliance que le Seigneur a conclue avec vous, sur la base de toutes ces paroles."» (v. 8)

Le sang, pour un Hébreu, représente la vie. La même vie coule désormais en Dieu et dans le peuple. Car l'autel et le peuple ont été aspergés du même sang. La loi est étroitement incluse dans le rite de l'Alliance. Le Deutéronome se présente comme le «Code de l'Alliance avec Yahvé»: «Voilà les paroles de l'Alliance que le Seigneur ordonna à Moïse de conclure avec les fils d'Israël au pays de Moab, en plus de l'Alliance qu'il avait conclue avec eux à l'Horeb.» (Dt 28, 69 et 5, 1-2) Les mots «Alliance» et «loi» sont parfois employés l'un pour l'autre: 2 R 22, 11 mentionne «le livre de la Loi» et 2 R 23, 2. 21, «le livre de l'Alliance».

---

[3] He 9, 19: «Moïse aspergea le livre de l'Alliance.»

La rénovation solennelle de l'Alliance avec Josué
(Jos 24, 1-25)

Le peuple est arrivé en terre promise. Josué organise, à Sichem, une cérémonie pour commémorer l'Alliance du Sinaï. Sichem est un lieu riche en souvenirs historiques: Abraham y a élevé un autel (Gn 12, 6-7); Jacob y a acheté un terrain (Gn 33, 18-20). Ce terrain est devenu la sépulture de Joseph (Jos 24, 32). Josué rappelle tout ce que Yahvé a fait pour Israël de la création à la plénitude des temps: c'est une grande action de grâces (Ep 5, 19; Col 3, 16). Yahvé a pris le peuple «au-delà du fleuve» (Euphrate) où habitait Térah, le père d'Abraham et le père de Nahor... et «ils servaient d'autres dieux». Josué rappelle l'élection d'Israël, Abraham, Isaac et Jacob... la sortie d'Égypte. «Je pris votre Père Abraham de l'autre côté du fleuve et je le conduisis à travers tout le pays de Canaan, je multipliai sa postérité et je lui donnai Isaac. Je donnai à Isaac Jacob et Ésaü et je donnai en possession à Ésaü la montagne de Séïr. Mais Jacob et ses fils descendirent en Égypte. Puis j'envoyai Moïse et Aaron et je frappai l'Égypte par mes actions au milieu d'elle, ensuite je vous fis sortir.» (vv. 3-5) C'est l'extermination des Égyptiens (vv. 6-7), la traversée du désert (7b), du pays des Amorites (8); Balaq, le roi de Moab, envoie Balaam pour maudire Israël, mais celui-ci le bénit (10). C'est enfin la conquête de la terre promise (v. 13). Tout est don de Yahvé. Josué invite le peuple à choisir librement de servir Yahvé-Dieu et sa loi (vv. 14-15). Le peuple s'engage

(vv. 16-18): «Loin de nous la pensée d'abandonner le Seigneur...» Josué rappelle les sanctions qui menacent les infidèles (vv. 19-20): «Lorsque vous abandonnerez le Seigneur et servirez les dieux étrangers, il se tournera contre vous...»

Josué conclut l'Alliance (v. 25). Il fait établir une grosse pierre en témoignage de l'Alliance. Il établit donc une espèce de liturgie de l'Alliance qui suppose un engagement à respecter *la loi* (Dieu s'est engagé à conduire son peuple); il y a l'action d'un *médiateur* (Moïse puis Josué). Ordinairement, l'Alliance est sanctionnée par *le sang*. Non dans le cas de la rénovation par Josué qui établit une stèle en guise de témoignage. La sortie d'Égypte et l'Alliance du Sinaï constituent les événements qui ont marqué la naissance et le développement d'Israël comme peuple de Dieu.

La Nouvelle Alliance

La promesse d'une Nouvelle Alliance (Jr 31, 31-34)

Israël et Juda ont été infidèles à l'Alliance. Vos Pères «ont rompu mon Alliance» (Jr 31, 32). Ils ont connu l'exil. Après la restauration d'Israël et de Juda, les grands prophètes, Isaïe, Jérémie et Ézéchiel, promettent une Nouvelle Alliance, une Alliance *éternelle*: «Je conclurai avec vous une Alliance de toujours.» (Is 55, 3; 68, 81) «Je conclus avec eux une Alliance éternelle.» (Jr 32, 40) Une Alliance *universelle*: «Dès lors je lui taillerai sa part dans les foules.» (Is 53, 12) Une Alliance *de paix:*

«Je conclurai avec mon troupeau une Alliance de paix.»
(Ez 34, 25; Is 54, 10)

Après la restauration, Jérémie annonce une Nouvelle
Alliance. «Je conclurai avec la communauté d'Israël une
Nouvelle Alliance. Elle sera différente de l'Alliance que
j'ai conclue avec leurs pères.» (Jr 31, 31-32) «Je dépo-
serai mes directives au fond d'eux-mêmes, les inscri-
vant dans leur être; je deviendrai Dieu pour eux, et eux,
ils deviendront un peuple pour moi.» (v. 33) «Ils me
connaîtront tous, petits et grands.» (v. 34) Donc, une
relation personnelle s'établira entre Yahvé et chacun.
Ce sera une Alliance d'adultes.

La loi nouvelle sera intérieure. Elle engagera le peuple et chacun personnellement. Sa principale caractéristique, c'est précisément d'être écrite dans le cœur. L'Alliance du Sinaï avait consisté dans le don d'une loi gravée sur des tables de pierre; la Nouvelle Alliance con-
sistera dans le don de la loi de Dieu gravée dans le cœur
de l'homme. La loi de Dieu deviendra une exigence intérieure au lieu de s'imposer de l'extérieur. Une telle loi
n'a pas à être apprise; on la pratique spontanément par
une poussée intime. «Ils ne s'instruiront plus entre com-
pagnons, entre frères, répétant: "Apprenez à connaître
le Seigneur" car ils me connaîtront tous, petits et grands.»
(Jr 31, 34) «Connaître» au sens biblique signifie plus
qu'une connaissance intellectuelle: c'est intérioriser par
la pratique et par une expérience de vie; «connaître un
précepte» en suppose l'observance.

Vingt ans plus tard, Ézéchiel reprend la promesse de
Jérémie: il parle «d'un cœur nouveau» (Ez 36, 26). «Je

vous donnerai un cœur neuf et je mettrai en vous un esprit neuf; j'enlèverai de votre corps le cœur de pierre et je vous donnerai un cœur de chair. Je mettrai en vous mon propre esprit.» (Ez 36, 26-27) La loi intérieure gravée dans le cœur, c'est l'Esprit même de Yahvé. «La loi de l'esprit de la vie.» (Rm 8, 2)

Le médiateur d'une telle loi ne peut être un homme. Seul un médiateur qui est *Dieu et homme* peut agir ainsi dans le cœur humain. «Il y a deux manières de communiquer un ordre à quelqu'un. La première consiste à agir sur lui de l'extérieur, par exemple en faisant connaître à cette personne ce que nous voulons; c'est une manière dont l'homme peut user, et c'est ainsi que fut communiquée la loi de l'ancienne Alliance. La seconde consiste à agir à l'intérieur même de l'homme, et ceci est le propre de Dieu… et c'est ainsi que fut donnée la Nouvelle Alliance, parce qu'elle consiste dans le don de l'Esprit Saint; celui-ci, d'une part, instruit de l'intérieur… et d'autre part, incline la volonté à agir[4].»

L'Eucharistie, Nouvelle Alliance (1 Co 11, 23-26)

Le Nouveau Testament présente l'Eucharistie comme le sacrifice de la Nouvelle Alliance. Les synoptiques ne mentionnent pas explicitement la loi de cette Alliance. Mais Jean le fait, et il donne priorité à la loi au point de ne pas mentionner le rite de l'Eucharistie… Il présente avec solennité la loi nouvelle. Judas vient de

---

[4] S. Thomas, *Sur l'Épître aux Hébreux*, ch. 8, leç. 2.

sortir. Jésus donne le sens des événements qui viendront et annonce sa passion qui est sa glorification et celle du Père (Jn 13, 31-32). Puis Jésus promulgue son commandement: ce signe auquel on reconnaît ses disciples (vv. 33-35). C'est la loi de l'Alliance Nouvelle, que tout chrétien qui participe à l'Eucharistie s'engage à respecter. Jean résume le tout dans la scène de l'ouverture du côté du Christ en croix d'où coulent le sang et l'eau. Le *sang*, la vie de Dieu, se répand sur les humains et l'eau, symbole de *l'Esprit,* s'inscrit dans le cœur du chrétien comme une *loi nouvelle.* «Jésus rendit l'Esprit...»; c'est la réalisation de la promesse, le don de l'Esprit à l'homme.

Le voile du temple se déchire (Mt 27, 51), soit le voile séparant le parvis du temple. La mort de Jésus permet l'accès des païens à la présence de Dieu. Soit, selon d'autres exégètes, le voile séparant le lieu saint du saint des saints. Cette déchirure exprimerait la fin du sacerdoce ancien.

Le commandement nouveau

Jean explicite en quoi consiste la loi nouvelle. «Je vous donne un commandement nouveau, c'est de vous aimer les uns les autres, comme je vous ai aimés.» La formule ancienne disait: «Tu aimeras ton prochain comme toi-même.» (Lv 19, 18; Ga 5, 14; Rm 13, 9) Ou «Faites aux autres tout ce que vous voudriez que les autres vous fassent.» (Mt 7, 12) Jésus donne un commandement *nouveau:* «Aimez-vous les uns les autres, *comme je vous ai aimés.*» (Jn 13, 34-35) Ce qui est nouveau dans l'amour que le Christ nous commande, c'est qu'il imprime une efficacité nouvelle, cette efficacité, c'est la puissance de son Esprit. Dieu nous donne d'aimer de l'amour même de Dieu qui désormais nous habite... Donner sa vie pour ceux qu'on aime dépasse les forces humaines et n'est pas demandé à tous. Mais chacun peut imiter le Christ dans les humbles services quotidiens (Jn 13, 13-15; Lc 22, 26-27; Ga 5, 14). L'amour chrétien est à base d'humilité et suppose le rejet de la superbe (Ph 2, 3-7; Rm 12, 3).

C'est la doctrine que nous rappelle Vatican II dans *Gaudium et Spes*, *Lumen gentium* et *Presbyterorum ordinis*:

> Le Verbe de Dieu, par qui tout a été fait, s'est lui-même fait chair et est venu habiter la terre des hommes. Homme parfait, il est entré dans l'histoire du monde, l'assumant et la récapitulant en lui. C'est Lui qui nous révèle que «Dieu est charité» (1 Jn 4, 8) et qui nous enseigne en même temps que la loi fondamentale de la perfection humaine, et donc de la transformation du monde, est le commandement nouveau de l'amour. À ceux qui croient à la divine charité, il apporte ainsi la certitude que la voie de l'amour est ouverte à tous les hommes et que l'effort qui tend à instaurer une fraternité universelle n'est pas vain[5].

---

[5] *Gaudium et Spes,* n° 38. Voir aussi *Lumen gentium*, 9, 2 et *Presbyterorum ordinis* 4, 2 ainsi que le commentaire de S. Lyonnet, s.j., dans *Eucharistie et vie chrétienne*, Suppl. 119 à *Vie Chrétienne*, pp. 20-21.

Cet amour invite au don de sa vie... Pour réaliser cet idéal inouï, le Christ répand ses grâces et communique son Esprit aux êtres humains. Il «crée en nous un cœur nouveau» (Ez 36, 26) modelé sur le sien. Il est le médiateur de la Nouvelle Alliance (He 9, 15). Le langage de saint Paul manifeste le rayonnement de cet amour du Christ en lui: il dit aux Philippiens qu'il les aime avec le cœur du Christ (Ph 1, 8). «La charité du Christ nous presse», dit-il aux Corinthiens (2 Co 5, 14). L'Esprit du Seigneur «remplit la terre» et «contient l'univers» (Sg 1, 7). «Contient» signifie ici «rassemble dans l'unité» ou «tient ensemble». Le chrétien se laisse donc conduire par l'Esprit qui lui permet de réaliser cette charité qui dépasse ses pauvres possibilités humaines.

La deuxième épître aux Corinthiens, aux chapitres trois et quatre (3, 3-9; 4, 6.14), présente en parallèle l'ancienne et la Nouvelle Alliance:

Alliance ancienne	*Alliance Nouvelle*
Écrite sur des tables de pierre	Écrite dans son Cœur de chair 3, 3. 6
Elle est une lettre qui tue 3, 6	Elle est un Esprit qui vivifie 3, 6
Elle est un ministère de mort 3, 7	Un ministère de l'Esprit 3, 3. 8
Un ministère de damnation 3, 9	Un ministère de justice 3, 9
Elle est passagère 3, 11	Elle demeure 3, 11
Elle est lue sous un voile 3, 7	Elle illumine la connaissance 4, 6
Sa gloire est temporaire 3, 7	Sa gloire est de Dieu 4, 6
Sur le visage de Moïse 3, 7	Sur la face du Christ 4, 6

La gloire du Christ est le garant d'une Alliance définitive (He 7, 22).

Une démarche de foi

Se défaire d'une mentalité légaliste qui absolutise la Loi ou la règle; celle-ci n'est jamais un but... elle est un moyen pour atteindre un bien et c'est ce bien qui est recherché. La vertu d'«épichie» invite précisément à soumettre l'application de la loi à la recherche du bien qui fonde sa raison d'être. La personne en autorité applique la loi aux cas particuliers: deux principes doivent la guider. L'«épichie» lui dit de toujours appliquer la loi de façon à atteindre le bien recherché par celle-ci. «L'Esprit vivifie, la terre tue.» Ignace parle de «la loi intérieure d'amour et de charité». C'est elle le bien que toute loi cherche à atteindre. Pour atteindre cette charité, l'interprétation de la loi, nous dit un second principe[6], doit être la plus libérale et la plus libérante possible.

Dans un monde imparfait et torturé, comment vivre les événements face à Dieu? Comment se laisser guider par l'Esprit à travers les méandres du bien et du mal? C'est l'action de l'Esprit en soi qui indique la route et donne la force de s'y engager. Il convient alors d'être attentif aux mouvements que produisent les esprits en soi pour discerner leur origine. L'accompagnement spirituel consiste à mettre dans sa vie un témoin de la grande

---

[6] *Onera sunt restringenda*, disent les légistes.

tradition spirituelle de l'Église qui aide à rester fidèle à la loi nouvelle.

✳ ✳ ✳

La loi ancienne et la loi nouvelle

Avec la Nouvelle Alliance, la loi ancienne «écrite sur les tables de pierres» fait place à la loi intérieure «écrite dans le cœur de l'homme.» J'ai compris la différence entre les lois ancienne et nouvelle en observant les bateaux. Élevé sur les bords du majestueux Saint-Laurent, j'aimais observer les paquebots qui remontaient le fleuve en route vers le port. J'identifiais leur pays d'origine par leur pavillon. Une chose m'intriguait cependant. Comment un capitaine polonais ou russe pouvait-il diriger son navire vers un port inconnu sans se buter sur les rochers qui, par endroits, effleuraient la surface? Ce fut un mystère jusqu'au jour où mon frère aîné m'a initié au langage des bouées et des phares. Des bouées rouges ou noires et des phares distribués sur les rives balisent la route. Il suffit au capitaine de garder les bouées rouges à bâbord et les noires à tribord et de fixer le cap sur les phares pour rester dans le chenal. Il se rend ainsi au port sans encombre.

Mais qu'arrive-t-il en hiver? Les bouées sont retirées à cause des glaces qui encombrent le fleuve. Pourtant le capitaine désire entrer le premier au port en janvier pour recevoir la fameuse canne à pommeau d'or *attribuée au premier arrivant. Or il n'y a pas de bouées, l'hiver, pour se guider. C'est pourquoi, en entrant dans le golfe, le capitaine fait venir à bord un vieux navigateur qui a parcouru le fleuve des milliers de fois. Son fleuve, **il l'a dans le cœur.** Pour lui, les bouées sont inutiles. Un instinct le guide qui ne se trompe jamais.*

Les bouées balisent le chenal. Elles guident, en un sens, de l'extérieur. C'est la loi de l'ancienne Alliance. Le dynamisme de l'expérience acquise découvre la route, la connaît instinctivement et spontanément. Il conduit chacun de l'intérieur comme un flair qui sent la piste. La loi nouvelle est comme le «sniff, sniff» du chien qui devine la route, la flaire sans se tromper parce que son nez est «accordé» avec l'odeur de la piste. C'est la loi de la Nouvelle Alliance, la loi nouvelle, c'est l'Esprit qui habite en nous et nous révèle la route de l'intérieur[7].

---

[7] S. Thomas d'Aquin, *Sur l'Épître aux Hébreux,* ch. 8, leç. 2 (voir le texte cité p. 117).

Chapitre 8

LE MÉMORIAL: L'EUCHARISTIE, SACREMENT DE L'ÉGLISE

Seigneur, tu es le Dieu fidèle. Ta parole demeure, elle est pour toujours. Elle est créatrice et réalise ce qu'elle affirme, ce qu'elle proclame. Et c'est dans l'Église qu'elle demeure en permanence. Donne-nous, Seigneur, l'espérance qui est la certitude de ta fidélité.

L'Eucharistie est le mémorial de la vie, de la mort et de la résurrection du Christ. Cela nous est rappelé dans les textes de l'Écriture et dans les prières eucharistiques. La première épître aux Corinthiens répète deux fois: «Vous ferez ceci en mémoire de moi.» Luc nous rappelle les paroles de Jésus: «Faites ceci en mémorial de moi.» Toutes les prières eucharistiques rappellent le mémorial ou font mémoire de la mort et de la résurrection du Christ.

Dans l'Ancien Testament, le mémorial s'appuie sur la foi et sur l'espérance. Il est la certitude d'une action de Dieu en voie de réalisation. Il n'est pas un souhait mais une certitude ouverte sur le futur. Il s'appuie sur la Parole de Dieu, sur sa fidélité. «En tout lieu où je ferai rappeler mon nom, je viendrai vers toi et je te bénirai», dit Yahvé à Moïse (Ex 20, 24).

Le mémorial

Pour un Hébreu, le mémorial n'est pas un simple souvenir nostalgique; il est le rappel d'un fait accompli dans le passé, dont la réalisation se poursuit aujourd'hui, en route vers son plein accomplissement qui vient. Il rappelle un événement passé en le rendant actuellement présent avec la certitude qu'il se réalisera définitivement, demain. Le mémorial s'appuie sur «Dieu qui est, qui était et qui vient». Il rappelle la présence de Yahvé dans la vie du peuple juif, présence qui est témoin de la fidélité active et agissante de Dieu préparant l'entrée du peuple dans la terre promise. Pour le chrétien, le mémorial évoque la vie, la mort et la résurrection du Christ, maintenant dans la gloire; il est la certitude que cette glorification se réalise aujourd'hui en lui et que, demain, elle sera totalement visible dans notre réalité humaine transfigurée par le Christ.

Le mémorial se fonde sur la parole efficace de Dieu

Dieu fait ce qu'il dit. Sa Parole est efficace et créatrice. «Comme descend la pluie ou la neige, du haut des cieux, et comme elle ne retourne pas là-haut sans avoir saturé la terre, sans l'avoir fait enfanter et bourgeonner, sans avoir donné semence au semeur et nourriture à celui qui mange, ainsi se comporte ma parole du moment qu'elle sort de ma bouche: elle ne retourne pas vers moi sans résultat, sans avoir exécuté ce qui me plaît et fait aboutir ce pour quoi je l'avais envoyée», dit Yahvé (Is 55, 10-11).

En faisant Alliance avec son peuple, Dieu promet de le conduire à la terre d'Éden. Faire mémoire, c'est évoquer la réalisation de cette promesse dans l'histoire et aviver ainsi sa certitude et son espérance face à l'avenir. Pour le chrétien, c'est rappeler la vie terrestre de Jésus, sa mort et son entrée dans la gloire et affirmer que l'humanité est engagée dans la même montée. Dieu a tenu parole dans le Christ; il tient et tiendra parole en chacun de nous et dans l'humanité. Le Christ est déjà au ciel et son corps mystique est en train d'y entrer avec lui. Il y a un lien entre l'adoration, la Parole efficace de Dieu, l'Alliance et le mémorial.

À l'instar des Hébreux, par des rites, des signes, des gestes, des paroles et des symboles étalés dans le temps, le peuple chrétien fait mémoire des mystères de la vie de Jésus et, du même coup, sa foi voit se réaliser en lui et dans l'humanité le mystère que le mémorial lui fait revivre. Le mémorial lui rappelle que le Christ poursuit l'incarnation et la rédemption en chaque croyant qui adhère au Christ.

Ainsi *Noël* rappelle la naissance du Christ et réalise notre naissance et celle de l'humanité à la vie divine. *L'Épiphanie* évoque la manifestation de Dieu aux mages et aux gentils. Du même coup, elle rappelle la manifestation de Dieu dans notre vie et dans le monde entier. Le *vendredi saint* et la condamnation de Jésus rappellent que le monde pécheur s'acharne contre le peuple de Dieu et contre l'humanité. La *résurrection* commémore la reprise par le Christ de la gloire divine dont il s'est dépouillé en s'incarnant. Elle est aussi la certitude que nous-mêmes et l'humanité, nous sommes en voie de transfiguration et que nous sommes appelés à entrer dans la gloire du ressuscité. Chaque événement de la vie du Christ évoqué par le mémorial et par les sacrements porte tout le mystère sauveur au cœur de notre vie et de celle des êtres humains. La réactualisation des mystères fait revivre aux chrétiens les actes sauveurs du Christ[1]. Le mémorial porte au cœur de la vie des humains le mystère sauveur. Il est l'incarnation et la rédemption qui continuent de se réaliser chez les croyants et qui, par eux, rejoignent l'humanité, s'étendent sur toutes les plages du monde et envahissent les décades à venir. C'est ça, l'anamnèse.

Le mémorial suppose un peuple qui le porte

Pour qu'un événement réalisé dans une personne poursuive sa réalisation à travers les générations futures, il faut une continuité humaine entre ces générations. Il faut un peuple qui porte et transmet la Parole reçue, rappelle la promesse qu'elle contient et poursuive sa réalisation. Ce fut le rôle du peuple juif. C'est celui de

---

[1] Inspiré de Schillebeeckx, *Le Christ, sacrement de la rencontre de Dieu,* Paris, 1978, p. 71.

l'Église, la communauté des personnes qui vivent la communion avec le Christ.

Dans la Bible, le mémorial annonçait la Pâque du Christ. Dans l'Église, la liturgie sacramentelle l'actualise. En faisant mémoire, l'Église réalise le mystère du Christ dans la vie des croyants. La réalité spirituelle accomplie dans le Christ se réalise dans le croyant et sera rendue visible à la parousie dans l'avènement du Christ glorieux. Dans le sacrement, la Pâque du Christ nous devient contemporaine et nous devenons contemporains de cette Pâque. À la parousie, sa pleine réalisation sera visible. L'Église est la plénitude du mémorial. Elle réalise le mémorial dans la vie des croyants. Elle exprime de façon sensible, par des gestes et des paroles, la réalité dont elle porte la mémoire. Cette réalité spirituelle, accomplie dans le Christ, se réalise dans le croyant et sera rendue visible à la parousie dans l'avènement du Christ glorieux.

Faire mémoire, c'est s'engager et engager l'Église

Pour un Israélite, l'action de Dieu se réalise à travers et par l'action des hommes et des femmes. Faire mémoire, c'est donc s'engager à poursuivre avec Yahvé sa montée vers la terre promise. Dieu réalise son mémorial dans le monde par les actions libres que chacun pose. Dieu ne décide jamais pour nous. Sa volonté, c'est que librement nous allions à lui, que librement nous inscrivions nos actions dans son projet. Yahvé ne révèle pas «sa volonté» comme un scénario tout écrit. Il demande de faire des pas, un à un, dans la foi et la liberté. Et il dirige ces pas dans la nuit de la foi. La liberté humaine fait partie intégrante du projet créateur[2].

Mais alors dire: «Que ton règne vienne» exprime plus qu'un souhait. C'est prendre un engagement. Celui d'agir pour que se réalise en plénitude le mémorial. Le *amen* qui clôt le canon des prières eucharistiques est une adhésion et un engagement.

Le mémorial est possible à cause
du sacrifice efficace du Christ

Le mémorial est possible parce l'œuvre unique accomplie par le Christ est efficace et n'a pas à être recommencée (He 10, 9-14). L'entrée du Christ dans la gloire du Père est un acte souverainement efficace qui rayonne jusqu'à la fin des temps, un acte qui domine les espaces et l'histoire. On fait donc mémoire non pas pour évoquer le jour où l'Alliance fut scellée. On ne refait pas l'Alliance, on la vit. «Nous avons été sanctifiés par l'offrande du corps de Jésus Christ, faite une fois pour toutes.» (He 10, 10) «Christ a obtenu une libération définitive.» (He 9, 11-12)[3]

---

[2] L'élève qui sort du cégep (lycée) et qui en a les aptitudes et le goût peut choisir de devenir médecin ou sociologue. Dieu ne choisit pas pour lui. La volonté de Dieu, c'est qu'il choisisse librement. C'est l'étudiant qui choisit. Son choix détermine la route sur laquelle il veut marcher vers Dieu. Il *fait* la volonté de Dieu. La volonté de Dieu, c'est que notre choix soit vraiment libre.

[3] Sur le sacrifice efficace du Christ, voir les pages 61-71.

Le père Bouyer résume ainsi: «Le mémorial n'est pas une simple commémoration, c'est un gage sacré donné par Dieu à son Peuple, que celui-ci conserve comme un trésor spirituel par excellence. Ce gage implique une continuité, une permanence mystérieuse des grandes actions divines qui sont commémorées par les fêtes. Car il est pour le Seigneur lui-même.» Paul dit: «Je vous ai transmis ce que moi, j'ai reçu. Le Seigneur, le jour où il fut livré...» Ce mémorial n'est pas une chaîne, un mot que l'on se redit. Mais l'acte d'une communauté porteuse d'une promesse en voie de réalisation.

Le amen

À l'Eucharistie, le peuple est invité à ponctuer de *amen* certaines prières. Il y a surtout le grand *amen* qui clôt le canon après: «Par lui, avec lui et en lui...» Le mot «amen» est une attestation de la fidélité de Dieu dont on est sûr et qui fonde le mémorial.

Amen signifie d'abord et avant tout une certitude (non un souhait comme «ainsi soit-il»). Il signifie: «Certainement, vraiment, oui». Il dérive d'une racine hébraïque (*Aman*) qui évoque la fermeté, la solidité du rocher, la fidélité et la sûreté. Dire *amen* c'est proclamer qu'on tient pour vrai ce qui a été dit à cause de la fidélité de Dieu et de l'efficacité de sa parole qui se réalise et se réalisera. C'est aussi s'engager à correspondre à l'action de Dieu en soi pour réaliser activement sa promesse dans et par sa propre vie.

Dans l'Ancien Testament, *amen* exprime un engagement fondé sur un accord avec quelqu'un (1 R 1, 36), l'acceptation d'une mission (Jr 11, 5) ou l'adhésion au jugement de Dieu qui suivra un serment non respecté (Nb 5, 22). Parfois aussi, il est un engagement collectif pris lors du renouvellement liturgique de l'Alliance (Dt 27, 15-26). Il est enfin l'acquiescement aux malédictions contre les injustices sociales (Ne 5, 13).

Dans la liturgie ancienne, le *amen* est un engagement vis-à-vis Dieu parce qu'on a confiance en sa Parole et qu'on s'en remet à sa puissance et à sa bonté. Il évoque un engagement (Jr 11, 5), une prière sûre d'être exaucée (Tb 8, 8; Jdt 15, 10), une bénédiction de Dieu (Ne 8, 6). Il est aussi une acclamation liturgique après une doxologie (1 Ch 16, 36; Rm 1, 25; Ga 1, 5; 2 P 3, 18; He 13, 21).

En un sens, bien réel, Jésus Christ dans l'Eucharistie est le *amen* de Dieu. Bref dire *amen*, c'est supplier Dieu pour que la puissance (*émeth*: la *virtus*), la force de la Parole efficace et intarissable de Dieu qui a produit des merveilles se renouvelle et se maintienne... que Dieu «se souvienne de son peuple». C'est aussi s'engager envers Dieu, se livrer à son service.

L'Église

L'Eucharistie a besoin de l'Église pour se perpétuer et l'Église a besoin de l'Eucharistie pour se réaliser. Le salut vient par le Christ. Le récit de la Genèse, mais surtout la tradition sacerdotale, voit l'élection d'Israël sur la toile de fond de la création divine. Dieu veut le salut de tous les êtres humains, mais le salut vient des Juifs. La prédication de Jésus confirme cette volonté du salut de tous. Mais le salut se réalise par le Christ (Rm 3, 24).

Il y a un *unique sacrifice* efficace et il l'est pour absolument tous les êtres humains. Tous les hommes et les femmes sauvés le sont par l'unique sacrifice du Christ. Le sacrifice du Christ demeure présent dans l'Église. «Il s'est donné une fois pour toutes.» (He 10, 10) Il n'a pas besoin d'être renouvelé. Le Christ demeure fidèle à lui-même, à l'Église, à la communauté rassemblée en son nom. L'Eucharistie est un acte unique. Cet acte est éternel dans sa richesse et sa puissance; il domine les espaces et les temps et son action déferle sur tous les êtres humains[4].

C'est par la communauté rassemblée autour de lui, par l'Église, qu'il reste fidèle. «Là où deux ou trois sont rassemblés en mon nom, je suis au milieu d'eux.» On sait le temps que le Christ a mis pour rassembler dans l'unité les apôtres. Pour que l'action du Christ puisse atteindre tous les temps au-delà des générations et tous les lieux; il faut un peuple, des enfants, une succession… il faut une Église.

La présence sacramentelle de la mort-résurrection du Christ se réalise dans tout le monde et tous les temps par l'Église. Mais le rayonnement de ce sacrement déborde le cadre de l'Église et s'étend sur toutes les per-

---

[4] Voir Hans Küng, *La liberté du chrétien*, Paris, Desclée de Brouwer, coll. «Foi vivante», 1991, pp. 164-210.

sonnes. Tous les sauvés, qu'ils soient musulmans, bouddhistes, ou animistes, le sont par le sacrifice du Christ offert en Église. Ils sont, dit le pape Pie XII, «d'une certaine façon, dans l'Église[5]».

Toutes les religions sont, malgré leurs limites et leurs errements, une recherche de Dieu. Elles sont des voies qu'emprunte une multitude d'humains. La foi au Christ n'est pas aujourd'hui la voie de ces cinq milliards d'humains qui ne le connaissent pas. Mais le Christ accompagne tous les humains sur la route de leur conscience. «Dieu peut bénir des choses que l'Église ne saurait approuver», écrit le père Thomas.

L'Église réalise le mémorial par l'action des chrétiens

L'Église est le mémorial, par la Parole qu'elle porte, qu'elle prêche et communique, par la puissance de l'Esprit qui agit en tous les humains, par le mystère du corps et du sang du Christ qu'elle rend présents dans notre monde. «Souviens-toi, Seigneur, de toi, et souviens-toi de nous. Souviens-toi de ce que tu es, souviens-toi que tu es le Dieu fidèle, souviens-toi que tu es Sauveur, souviens-toi de ton peuple et tourne vers nous ton visage», dit une oraison.

Par l'Eucharistie, le prêtre rend présent le sacrifice du Christ mais aussi toute sa vie, de son incarnation jus-

---

[5] Jésus est venu «pour que tous aient la vie» (Jn 10, 10). Or sur six milliards de personnes actuellement sur la terre, à peine un milliard ont entendu parler du Christ.

qu'à l'envoi de l'Esprit[6]. Cela permet à tous les chrétiens de méditer les mystères de la vie du Christ en s'y insérant: Je suis présent à Jésus dans ses mystères et il m'est présent. Le «faites ceci...» s'adresse au prêtre, mais aussi aux chrétiens dont la vie devient communion au Christ et qui accèdent à son sacrifice.

Le Christ lui-même ne pose plus d'acte miraculeux, missionnaire, prophétique, sacrificiel. Mais c'est par l'Église et les hommes que le Christ poursuit son action rédemptrice et réalise le mémorial dans tous les temps et tous les milieux. C'est par les gestes sacramentels que posent les baptisés que s'actualise le mémorial. Ses miracles et la réalisation de la Pâque, le Christ les fait par les mains du médecin qui guérit, du chercheur qui trouve de nouvelles façons de faire lever la récolte, de l'ingénieur qui bâtit des ponts, de l'ouvrier qui charpente une maison, de l'infirmière qui étend l'onguent sur la plaie, du travailleur qui transforme l'univers. Le docteur Ambroise Paré, fondateur de la médecine moderne, disait, parlant d'un patient: «Je le soignai, Dieu le guérit.» Le Christ parle par la bouche des personnes qui évangélisent leurs frères.

Le Christ, au ciel, perpétue son ministère de grand-prêtre par sa présence auprès du Père et il intercède sans cesse pour nous (He 9, 24-28 et 10, 10). C'est pourquoi les hommes peuvent par leur vie même, déjà accueillie

---

[6] La liturgie lyonnaise le rappelle: «Nous offrons ce pain et ce vin... nous allons entrer dans la célébration sacramentelle en mémoire de l'incarnation, de la nativité, de la passion, de la mort, de la résurrection et de l'ascension de Notre Seigneur Jésus Christ et du don du Saint Esprit.»

par le Père dans le Christ, transfigurer leur existence. Elle devient leur vie «en Dieu». Nous adressons toutes nos prières à Dieu par Jésus Christ, son Fils qui vit et règne avec lui dans les siècles des siècles. C'est à cause de l'intercession de Jésus que le mémorial est efficace et nos prières, exaucées.

Le sacerdoce royal et le sacerdoce ministériel

Il n'y pas de sacrifice sans sacerdoce. Le prêtre est un médiateur agréable à Dieu. Jésus en croix est le grand-prêtre de la Nouvelle Alliance (He 9, 11-15). Il est bien de notre terre, grâce à Marie, et agréé par Dieu. Son sacerdoce est parfait. Il donne naissance à un double sacerdoce: *le sacerdoce commun* de tous les fidèles, incluant le prêtre (sacerdoce royal ou baptismal) et *le sacerdoce ministériel* du prêtre qui fait de lui un serviteur (sacerdoce presbytéral).

Jésus est l'unique prêtre de la Nouvelle Alliance. Car, seul, il a offert l'unique sacrifice qui a été agréé par Dieu. Mais tout le peuple constitue avec le Christ un «sacerdoce royal». Pourquoi alors faut-il un prêtre pour présider l'Eucharistie? Le peuple rassemblé ne peut-il pas, en union avec le Christ, offrir le sacrifice sans le prêtre?

Le sacerdoce royal des fidèles (ou sacerdoce commun)

Saint Paul écrit aux chrétiens de Rome: «Ignorez-vous que nous tous, baptisés en Jésus Christ, c'est dans sa mort que nous avons été baptisés? Par le baptême, en

136

sa mort, nous avons donc été ensevelis avec lui, afin que, comme Christ est ressuscité des morts par la gloire du Père, nous menions nous aussi une vie nouvelle. Car si nous avons été totalement unis, assimilés à sa mort, nous le serons aussi à la résurrection.» (6, 3-5) Jésus se fait des disciples qui sont non seulement des imitateurs, mais qui communient à sa vie et ne font qu'un avec lui. Il est la tête, nous sommes le corps. Nous sommes alors prêtres avec lui (1 P 2, 4-9). Le sacrifice spirituel des fidèles que nous sommes consiste «à offrir nos personnes en hostie vivante.» (Rm 12, 1) Le sacerdoce royal nous assimile de l'intérieur et profondément au sacerdoce royal de Jésus. Nous devenons, avec le Christ, prêtres et victimes: Jésus est roi de la création: «prêtre et roi, il emporte dans un même mouvement l'ensemble de l'humanité et l'univers vers Dieu, le Père». L'Église universelle participe à ce mouvement ascensionnel. C'est le sacerdoce commun. Il suppose un peuple rassemblé par le Christ. Il est d'un ordre différent du sacerdoce ministériel[7].

Le sacerdoce ministériel (ou sacerdoce presbytéral)

Sa raison d'être, c'est l'Eucharistie: le prêtre a pouvoir sur le corps eucharistique de Jésus. Il le met à la portée du corps ecclésial. Il est le signe sensible du Christ dans son acte d'offrande au Père. Son rôle est d'ordre sacramentel. Le prêtre a ce pouvoir, parce que par son

---

[7] Voir *Lumen gentium*, n° 34.

ordination, c'est Dieu qui parle par sa bouche. Et la Parole de Dieu est créatrice. Par la bouche du prêtre, Dieu «nomme» le pain et le vin, «corps» et «sang» du Christ. Le prêtre est le signe sensible de Dieu qui nomme le pain.

Jésus a confié ce pouvoir à quelques-uns pour que l'Eucharistie rassemble vraiment les hommes en Église autour de l'agneau immolé. Le prêtre est un rassembleur au nom du Christ. «Pour rassembler son peuple et présider l'Eucharistie, le Christ continue à se choisir des serviteurs dans sa succession du ministère apostolique. Il en fait don à son Église pour qu'elle n'oublie jamais qu'elle n'est pas un club, mais une convocation. C'est Jésus Christ qui invite et qui rassemble. Celui qui reçoit l'ordination, et pour qui l'Église demande le don de l'Esprit, n'agit pas au simple titre de ses compétences personnelles, mais au nom du Christ qui l'envoie. Il devient donc, dans toute sa personne, le signe vivant à travers lequel la communauté chrétienne est appelée à reconnaître sa véritable identité en se recevant tout entière du Christ[8].»

Sacerdoce royal et sacerdoce ministériel

Dans son allocution à la Congrégation des provinciaux, le père Kolvenbach disait: «Pouvoir se donner librement au Seigneur comme membre de son corps, ce qui est le propre du sacerdoce baptismal et représenter

---

[8] *Document de base du Congrès Eucharistique international,* p. 25.

librement le Seigneur qui se donne à son corps, ce qui est le service propre au sacerdoce presbytéral, sont des dons essentiellement différents qui puisent leur union radicale dans le sacerdoce du Christ[9].»

Le sacerdoce ministériel donne au sacerdoce royal sa plénitude. Le Christ a donné à l'Église le pouvoir de l'offrir et de s'offrir avec lui. «Quand le prêtre consacre le pain et le vin au cours de la messe, lui seul consacre mais, dans la mesure où cette consécration est l'oblation sacramentelle commune au prêtre et à l'assemblée.» «Participant au sacrifice eucharistique, source et sommet de toute vie chrétienne, les fidèles offrent à Dieu la victime divine et s'offrent eux-mêmes avec elle; ainsi tant par l'oblation que par la sainte communion, tous non pas indifféremment, mais chacun à sa manière, prennent leur part originale de l'action liturgique[10].»

Le prêtre préside l'Eucharistie[11]

Fraternité nouvelle ayant sa raison d'être en Jésus, le groupe, si petit soit-il, doit se sentir partie prenante de l'Église universelle et du Christ. «Le prêtre offre le saint sacrifice "in persona Christi"; ce qui veut dire davantage que "au nom de" ou "à la place de" Jésus Christ.

---

[9] 27 septembre 1990.

[10] *Lumen gentium,* n° 11.

[11] Philippe, Larere, *L'eucharistie, Repas du Seigneur*, Pneumathèque, coll. «Chemin Neuf»,1991. (L'évolution du culte selon les traditions, orientale et occidentale et selon les Églises. Problèmes d'œcuménisme.)

"In persona", c'est-à-dire dans l'identification spécifique sacramentelle "au grand-prêtre de l'Alliance nouvelle"[12].»

«Le prêtre ne peut donc pas se considérer comme "un propriétaire" qui dispose librement du texte liturgique et du rite sacré comme de son bien propre en allant jusqu'à lui donner un style personnel et arbitraire. Cela peut parfois sembler plus efficace, cela peut aussi mieux correspondre à une piété subjective, mais objectivement, c'est toujours trahir l'union qui doit trouver son expression surtout dans le sacrement de l'unité.» Avec délicatesse, Charles Wackenheim explicite la limite de cette directive: «Pourtant il ne faut pas durcir cette perspective et croire que la liturgie de la messe est intouchable. Chaque assemblée est appelée à "créer" des célébrations inédites. Mais elle n'a pas à réinventer à tout instant la structure de l'action eucharistique. Elle l'a reçue d'une tradition deux fois millénaire et, selon Paul, du Christ lui-même (1 Co 11, 33). Cette action, il faut l'accepter par fidélité à la convocation qui la suscite. Mais en dehors de cette donnée créatrice, rien ne s'oppose à l'inventivité créatrice des chrétiens[13].»

Dans la structure, il faut maintenir l'invocation du Saint-Esprit sur les offrandes (Épiclèse sur les offrandes), la consécration séparée du pain et du vin, le récit de l'institution, le mémorial de la mort et de la résurrec-

---

[12] Jean-Paul II, *Lettre aux évêques,* Jeudi saint 1980, n° 8 et n° 12.

[13] Charles Wackenheim, *Entre la routine et la magie, la messe*, Paris, Centurion, 1982.

tion, le rappel de l'Église (Épiclèse sur les personnes). Mais les formulations peuvent s'adapter aux besoins des fidèles.

La mention du Pape et de l'évêque est un geste de communion ecclésiale avant d'être une prière[14]. Au début de l'Église, pour marquer l'union des prêtres célébrants avec leur évêque, le prêtre déposait dans le calice une parcelle de l'hostie consacrée par son évêque. Le geste du prêtre qui met une parcelle de l'hostie consacrée dans le calice rappelle cette communion ecclésiale. Une autre tradition voit dans la commixtion du pain et du vin une manifestation de l'union du corps et du sang du Christ dans la résurrection.

Le prêtre doit s'effacer: seule sa volonté de faire ce que l'Église fait, compte. Ce dépouillement lui donne d'être transparent. Il est la transparence du Christ. En célébrant, le prêtre emploie le «nous»: «Nous faisons mémoire...» Il emploie le langage commun. Il parle au nom du peuple et avec le peuple assemblé. Le prêtre préside l'Eucharistie que le peuple chrétien offre en s'offrant lui-même, mais il parle aussi avec la voix du Christ.

Une démarche de foi

Comme membre de l'Église, se laisser imprégner par l'humilité du Christ qui s'est fait le serviteur de tous. La route du salut pour la majorité des humains ne passe pas

---

[14] Il est bon de relire le décret *Lumen gentium* de Vatican II: n°s 19-29, surtout 26.

par une connaissance personnelle du Christ, mais par la fidélité à leur conscience. C'est la voie commune. Il faut donc un grand respect pour toutes les religions. Le Christ s'est révélé par le peuple juif et dans l'Église. Cette voie de la connaissance du Christ n'est pas ouverture à tous. L'Eucharistie est accueillie par les chrétiens, mais son rayonnement rejaillit sur tous les humains et réalise la communion dans les cœurs de toutes races, langues et nations.

Vivre en communion avec l'Église[15] sans exacerber les différences. Notre recherche de Dieu se bute parfois à un appareil ecclésial qui paralyse. C'est pourtant le même Esprit qui éclaire le regard limité du spirituel et le corps lourd et noueux de l'Église. Il faut garder la certitude qu'au-delà des heurts, l'Esprit bâtit l'unité et que les ruptures sont temporaires.

Exacerber les oppositions, les susciter et en faire des scandales est un manque de fidélité à l'Esprit. Il faut le respect pour les autorités, la patience face aux lenteurs. L'Esprit change les cœurs et par eux, l'institution. Il y a des délais nécessaires. Personne ne connaît la vérité absolue. Aucune théologie n'est totalement représentative de l'Église catholique.

Elle l'est d'une manière limitée et en dépendance avec le paradigme de son temps. Une théologie représentative de l'Église catholique entend être *dans* et *pour* l'Église. Elle est reconnue et non absolument désavouée comme telle par l'Église catholique. Le spirituel doit,

---

[15] Saint Ignace parle de «*sentire cum ecclesia*».

par fidélité à sa foi et à l'Esprit, rester résolument militant dans l'Église. C'est par le spirituel d'avant-garde (non le franc-tireur isolé) que l'Esprit fait progresser l'Église vers la vérité[16]. Saint Ignace a créé l'expression «Église militante» pour exprimer ce devoir qu'a le chrétien de travailler au progrès de la théologie et de la vie de foi.

[16] Voir Hans Küng, *La liberté du chrétien*, Paris, Desclée de Brouwer, 1991, pp. 124-132, surtout 125.

Chapitre 9

L'HOMME SPIRITUEL

Que ton Esprit, Yahvé, habite notre cœur; qu'il l'éclaire et le garde libre en l'imprégnant totalement de ta lumière et de ton amour. Ainsi tu conduiras sa marche vers la plénitude où tu nous attends pour partager éternellement ta gloire.

L'entrée dans la Nouvelle Alliance suppose un cheminement, une montée. Le catéchumène se prépare au baptême. Baptisé, il devient un initié et amorce son cheminement chrétien; disciple du Christ, il approfondit son intimité avec Jésus qui lui communique son Esprit. Par la pratique de la foi et l'action de l'Esprit, il devient adulte dans la foi. Une personne vraiment imbibée de l'Esprit du Christ qui anime toute sa vie.

Le spirituel ou l'adulte dans la foi

Saint Paul distingue divers degrés dans la maturation spirituelle. Il parle des *catéchumènes*. Ce sont les personnes qui se préparent au baptême. Baptisé, le caté-chumène devient un *initié* ou un commençant. Paul parle de bébé ou d'enfant dans la foi. On lui donne une nour-riture d'enfant. Puis il y a les *disciples* du Christ. Ce sont ceux qui fréquentent le Christ. Leur foi est encore fragile, elle s'approfondit par le contact avec le Christ pour acquérir son esprit. Il y a enfin les *adultes* dans la foi. Les Pères de l'Église les appellent les «spirituels». L'Esprit les habite et anime leur vie.

L'adulte dans la foi

C'est la personne libérée par l'Esprit qui vit la cha-rité en plénitude. C'est à elle que s'adresse Augustin quand il dit: «Aime et fais ce que tu veux.» Elle a atteint la maturité intérieure, est capable de prier et pratique habituellement la charité. Elle n'est pas centrée sur des défenses morales, mais est proprement conduite par l'Es-prit du Christ qui l'habite.

Saint Paul parle ainsi de l'adulte dans la foi: «Les adultes […] eux qui par la pratique ont les sens exercés à discerner ce qui est bon et ce qui est mauvais» (He 5, 14; voir aussi Rm 12, 2). C'est donc la personne qui a acquis une clairvoyance et une pleine intelligence qui lui permettent de discerner ce qui convient le mieux (Ph 1, 9-11). Saint Irénée écrit: «Ceux qui ont reçu le gage de l'Esprit et qui se conduisent droitement en tout, ceux-là, l'Apôtre les appelle à juste titre les spirituels.» L'adulte dans la foi est proprement la personne de la Nouvelle Alliance, la femme ou l'homme du discernement. Les pères grecs de l'Église parlent de l'impeccabilité du chrétien. Le père Ignace de la Potterie résume ainsi leur doctrine: «La semence de Dieu est une force intérieure par l'action de laquelle l'âme cesse d'être accordée, harmonisée au péché; en se laissant conduire par ce dynamisme qui est en elle, l'âme devient vraiment incapable de choisir le mal.»

Ses caractéristiques (1 Co 13 et Ga 5, 22)

Trois traits marquent la personnalité du spirituel. Il est conscient que sa vie se déroule dans une situation de conflit. Malgré cela, il prend une attitude positive face à la vie. Sa vie est enfin unifiée et cohérente. L'homme spirituel est donc libre, mais conscient de vivre les événements ordinaires au milieu d'humains limités, dans une société imparfaite et toujours à libérer. Il n'est donc pas la personne parfaite, mais la personne conduite par l'Esprit et qui dépasse le pur psychique (Rm 8, 9. 12-13. 26-27).

Dans l'épître aux Galates, Paul décrit les œuvres de la chair: «libertinage, impureté, débauche, idolâtrie, magie, haines, discorde, jalousie, emportements, rivalités, dissensions, factions, envie, beuveries, ripailles et autres choses semblables» (Ga 5, 19). Il oppose à ces œuvres les œuvres de l'Esprit dont le fruit est: «amour, joie, paix, patience, bonté, bienveillance, foi, douceur, maîtrise de soi» (Ga 5, 22). L'adulte a donc une personnalité «conflictuelle». Laissé à lui-même, il se dégrade, mais l'Esprit en lui le libère. Il vit donc une ouverture à son expérience et une attention aux mouvements intérieurs. Tiraillé par ses tendances terrestres et ses tendances spirituelles, il assume les situations conflictuelles pour les dépasser dans l'Esprit.

Une deuxième caractéristique, c'est qu'il adopte une attitude positive face à la vie, au monde et à l'histoire. C'est une personne qui se sait sauvée en Jésus Christ et qui se laisse conduire par l'Esprit. Il peut dire: «Je vis mais ce n'est pas moi qui vis, c'est le Christ qui vit en moi.» (Ga 2, 20) C'est donc une personne d'audace... qui ne roule pas le pied sur le frein, qui a confiance en elle parce que l'Esprit l'habite.

Sa vie spirituelle se déploie dans un engagement au milieu de situations de vie assumées selon ses valeurs personnelles. Son attitude est positive; son regard, réaliste. Elle part de la réalité pour l'améliorer, aider les autres à vivre debout et à déployer toutes leurs richesses humaines. Elle marche, fonce, jette des ponts, ouvre des routes, suscite le courage et l'ouverture... la charité «croit tout, espère tout, endure tout» (1 Co 13, 7). Elle rejette la fermeture, la médisance, la mauvaise humeur, la mélancolie, les préjugés. Sans cela, il y a toujours danger que ses réflexions négatives ne deviennent une façon habituelle de voir la réalité.

Sa vie enfin se bâtit dans une profonde unité intérieure. Or l'intégration de sa vie de foi — comme celle de toute vie humaine d'ailleurs — progresse dans son esprit, dit le père Teilhard de Chardin, «en tissant autour d'elle un réseau cohérent de pensées et d'actions. Mais ce réseau monte et ne tient finalement que sous l'influence organisatrice de la foi initiale.» L'origine de cet acte de foi primal est insaisissable. Il est un don de conversion, une grâce qui produit une transformation, une *métanoia* (Ep 2, 6. 8 et Col 1, 13). Cet acte de foi marque l'accueil de l'Esprit dans sa vie.

L'adulte dans la foi trouve une orientation face aux différentes situations dans la répercussion de ce regard de foi dans son cœur, manifestée par les mouvements intérieurs. Sa vie est unifiée autour de son regard de foi par les mouvements qui jaillissent du cœur. «Le fruit de l'Esprit est amour, joie, paix…» (Ga 5, 22). Ces fruits manifestent l'action de Dieu dans la personne humaine. Être habité par l'Esprit du Christ, qui est communion et unité, assure ce que les pères grecs appellent «l'impeccabilité du chrétien» qui est une montée assurée vers Dieu. Le spirituel est l'homme en qui se manifeste la richesse de l'Esprit.

Trois attitudes particulières

Une attitude, c'est une façon spontanée, intérieure et souvent inconsciente de réagir face à une personne, une chose ou un événement. Quand nous sommes placés dans une situation, spontanément nous nous situons intérieurement face à cette situation. L'adulte dans la foi a acquis, par la pratique, trois dispositions intimes qui déterminent ses attitudes spontanées face aux événements. Ce sont la liberté intérieure, la disponibilité à Dieu et la recherche de sa plus grande gloire.

La liberté intérieure tout d'abord (saint Ignace l'appelle l'indifférence). Ce n'est pas une attitude négative, un désintéressement ou un rejet, mais la liberté d'un cœur envahi par le Christ; c'est une attitude qui relativise spontanément les réalités présentes, qui ne donne prise à aucun emprisonnement par les créatures. C'est donc une attitude de liberté totale. Sans cette liberté, impossible d'effectuer un discernement spirituel. Dieu nous appelle à la liberté (Ga 5, 13). Un cœur libéré des attaches qui paralysent le jugement, des habitudes, des entêtements, du culte de sa réputation, des «prêts-à-penser», des ambitions, de la paresse est un cœur accordé avec Dieu. Il est libéré des pressions sociales et du «Tout le monde le fait, fais-le donc…» C'est l'attitude qui permet de vivre conscient, non ballotté par les fausses valeurs. Face au Christ, «j'ai considéré toute chose comme des ordures…», dit saint Paul. C'est une attitude de joie intérieure[1].

Cette liberté permet alors d'être disponible à Dieu et d'utiliser les créatures avec pondération (c'est le «tantum quantum» d'Ignace[2]). C'est une attitude qui permet, face aux événements, de ne pas réagir d'instinct mais avec conscience et intériorité. L'homme spirituel utilise les créatures comme des moyens, dans la mesure où elles le

---

[1] «Voir dans la tristesse un religieux qui ne cherche plus rien d'autre chose que Dieu, ne serait pas un moindre miracle que de voir dans la joie celui qui cherche tout excepté Dieu», écrit saint Ignace (Franciosi 2).

[2] *Tantum quantum*: dans la mesure où… Utiliser une créature dans la mesure où elle conduit à Dieu.

conduisent à sa fin et il s'en abstient si elles l'éloignent d'elle.

La troisième attitude est une ouverture au plus grand service de Dieu (c'est le A.M.D.G. d'Ignace de Loyola[3]). Faire la volonté de Dieu, c'est utiliser sa liberté pour grandir, servir et se réaliser en plénitude. Or c'est en Dieu seul que l'homme trouve sa complétude totale. L'homme spirituel a donc le cœur assez libre pour utiliser habituellement les créatures de façon à assurer le meilleur service de Dieu et à favoriser ainsi sa croissance continuelle. Chacune de ses actions accueille la plénitude de vie que Dieu lui offre dans le geste qu'il posera en toute liberté.

Ses rôles dans l'Église

Toute personne appelée à l'intimité avec Dieu est aussi envoyée pour jouer un rôle dans sa communauté de vie. Personne n'est une île, dit la chanson. Nous sommes tous en interaction avec les autres. Quelle est alors la mission de l'homme spirituel au sein de la communauté chrétienne? Elle est de contribuer, à partir de ce qu'il est et de ses aptitudes, à la croissance du groupe et, par là, d'assurer sa propre croissance.

Les Églises et les communautés sont, selon saint Paul, fondées sur les Apôtres, les prophètes et le Christ comme pierre maîtresse (1 Co 12, 28). Les dons faits à chacun en vue du bien de tous sont des charismes. Ces dons de

---

[3] A.M.D.G.: *ad majorem Dei gloriam*: à la plus grande gloire de Dieu.

l'Esprit sont différents et chacun doit les mettre au service des autres. Mais parmi les dons et les charismes, saint Paul donne la priorité à l'amour et à la prophétie (1 Co 14, 1). Le charisme de l'apôtre, c'est-à-dire de celui qui est envoyé pour fonder une Église locale ou une communauté, est primordial dans la naissance d'une communauté chrétienne. Mais pour assurer la vie, le développement et l'adaptation de la communauté aux besoins actuels, l'Esprit inspire le prophète. Ce dernier exprime la volonté actuelle de Dieu sur le groupe. Il porte les misères et les besoins des personnes d'un milieu donné. Pour répondre à ces besoins, l'Esprit inspire le prophète. Les chrétiens malcommodes, dérangeants, qui interpellent face aux misères humaines, ont souvent un rôle prophétique dans l'Église. Le prophétisme est un acte, non une habitude. Il s'exerce à l'occasion. Par contre le discernement de la communauté doit sanctionner le prophète. C'est la communauté qui reconnaît le véritable prophète. «Examinez tout avec discernement», conseille Paul à la communauté de Thessalonique (1 Th 5, 19-22; voir 1 Jn 4, 1; 1 Co 14, 29).

Le discernement du spirituel

L'homme spirituel est l'homme du discernement. Le discernement est un don et un charisme. Il s'exerce pour le bien individuel et aussi pour le bien du groupe quand il se fait en commun. Le discernement personnel est la lumière de l'Esprit qui brille dans le cœur vraiment libre. Tenant compte de toutes les dimensions personnelles et sociales du dynamisme interne de la situation, des conditions matérielles et financières, la personne trouve dans la sagesse de la foi et dans la lumière de Dieu la meilleure route vers lui. C'est donc un «flair» intérieur, «une clairvoyance et une vraie sensibilité», dit l'épître au Philippiens (1, 9). «Une vrai science et un tact affiné», traduit la Bible de Jérusalem; «une *caritas discreta*, une charité raisonnable», écrit la vulgate. C'est un choix, une réaction spontanée du cœur qui conduit sur les routes de Dieu.

Le cardinal Martini définit ainsi le discernement spirituel personnel. Il est «une familiarité si profonde avec l'Esprit de l'Évangile et la tradition chrétienne, une expérience si vivante, réelle et intérieure des différentes situations humaines, qu'on peut dire: là, nous sommes devant un fait humain ouvert à l'Esprit, tandis qu'ici nous avons une façon de penser et d'agir incompatible avec l'Évangile». Cela suppose une personne libérée par le Christ et habitée par l'Esprit.

Le discernement en commun suppose une véritable communauté de partage et d'accueil. La communauté accueille les suggestions prophétiques et, dans le dialogue, le partage et la prière, elle discerne l'origine de ces suggestions: celles qui sont de l'Esprit et celles qui naissent du caprice ou du calcul humain des individus.

Une démarche de foi

Le spirituel porte habituellement attention aux mouvements spirituels qui habitent son cœur. Il se laisse porter par le puissant souffle de l'Esprit qui conduit le monde à son achèvement dans le Christ glorieux. Il est l'homme de la vie, du progrès, de la montée, de la lumière. La charité du Christ l'habite et rayonne de son être. Sa présence stimule et encourage: elle remet debout les êtres écrasés par la vie, donne le goût de vivre et le désir de grandir. La foi qui l'habite éclabousse les autres sans les blesser.

Le spirituel ne progresse pas les yeux fixés sur le péché ou sur des règles à suivre; il marche attiré par Dieu, animé par l'Esprit du Christ avec qui il chemine. Il est un compagnon du Christ dans sa mission de réconcilier l'univers au Père. Il est habituellement attentif à l'action de l'Esprit en lui. Il chemine dans la paix et dans la joie.

* * *

Le Christ ressuscité salue toujours ses disciples par les paroles: «La paix soit avec vous». À l'Eucharistie, le prêtre accueille toujours les fidèles par un souhait de paix et de joie. Toutes les épîtres de saint Paul débutent par un souhait de paix. Par sa mort et sa résurrection, le Christ a vaincu Satan définitivement. L'Évangile est la «bonne nouvelle».

Dans l'Ancien Testament, Satan, le diable ou le démon sont présentés comme une fonction négative face à la vie. Ils sont le diviseur, le culpabilisateur, le menteur. Ils troublent, ils paralysent, inquiètent, suscitent la peur et le doute. Ils se déguisent aussi en ange de lumière, dit saint Paul. Sous prétexte de conduire à Dieu,

ils amènent de bonnes personnes à apeurer, à jouer pré-
cisément le jeu de Satan.

L'homme spirituel sait que le Sauveur, c'est le Christ,
et qu'il a vaincu Satan. On marche où l'on regarde.
L'homme spirituel marche les yeux fixés sur le Christ,
emporté par lui. Il laisse le diable chez le diable.

Chapitre 10

LE BANQUET MESSIANIQUE
ET LE REPAS EUCHARISTIQUE

Donne-nous, Yahvé, un cœur fraternel pour que nous puissions avec nos frères et sœurs communier à un même pain et manger à une même table afin de devenir vraiment le corps du Christ.

Une question a été longuement débattue au cours des années. L'Eucharistie est-elle d'abord un repas ou un sacrifice? Allons-nous communier à la table ou à l'autel? Parfois on a insisté sur la table, parfois sur l'autel. Elle est, de fait, repas et sacrifice. Aujourd'hui, nous avons (comme au début de l'Église) opté pour la table, mais sur celle-ci nous déposons le crucifix.

Dans la Pâque de l'exode, l'immolation de l'agneau précède le repas et lui fournit son aliment principal. Or à la Cène, le Christ change ce rite. Dans la première partie de la célébration, il rappelle le rite pascal (Mt 26, 17-19; Mc 14, 12-16; Lc 22, 7-13). C'est au cours du repas, «pendant qu'ils mangeaient» (Mt 26, 26), que Jésus institue la Pâque nouvelle. Le jeudi, il célèbre le repas, mais l'immolation de la victime aura lieu plus tard, le lendemain. Il y a donc une différence entre la Pâque juive et la Pâque chrétienne: dans la Pâque juive, on *communie à une victime déjà immolée* pour entrer dans la libération. Dans la Pâque chrétienne, *on participe au repas* pour accéder au sacrifice sur lequel ce repas débouche.

Pourquoi le Christ a-t-il changé le rite traditionnel? Nous avons vu que cela mettait en relief l'aspect sacrificiel[1]. Mais il y a une autre raison. C'est que pour entrer dans la Pâque nouvelle, il faut passer par le repas et par ce qu'il représente. Le repas est une entrée nécessaire à la Pâque et au mystère de l'Eucharistie. C'est par le repas de communion que l'on entre dans le mystère pascal.

L'offrande du pain

Dans le repas juif, l'agneau immolé est l'aliment principal. Or le Christ y substitue le pain rompu. Quel est le sens de ce rite nouveau? Pour un Hébreu, le pain éveille plusieurs souvenirs historiques dont l'Eucharistie révèle la signification profonde. On peut trouver un sens au repas du Christ dans le *pain azyme:* un pain qui n'a pas eu le temps de lever; donc un pain cuit à la hâte, le pain d'un départ hâtif, un pain de passage, de libération. Un pain que l'on mange regroupé en préparant une fuite. Le pain de l'Eucharistie serait donc un aliment de

---

[1] Voir plus haut, page 61.

passage, de libération, un pain qui prépare à un au-delà...
à l'entrée dans le mystère de libération. Il est le pain
d'une vie de foi en un avenir meilleur.

On peut aussi trouver le sens de ce rite dans la *manne*.
En parlant de pain, un juif a certainement pensé à la
manne: un pain de soutien dans le cheminement du désert vers la terre de la promesse (Jn 6, 31). Cyrille
d'Alexandrie, commentant Jn 6, 55, écrit: «La manne,
après avoir trompé pour peu de temps le besoin du corps
et atténué le tourment de la faim, se montrait sans force
par la suite puisqu'elle ne donnait pas la vie éternelle à
ceux qui l'avaient mangée. Elle n'était donc pas la vraie
nourriture, c'est-à-dire le pain du ciel, mais le corps sacré du Christ qui nous nourrit pour l'immortalité et la
vie éternelle sera réellement une vraie nourriture[2].»
(Jn 6, 32. 49. 55. 58) La manne, pain qui nourrit la vie
mortelle, annonce celui qui nourrira la vie spirituelle.
«Ce n'est pas Moïse qui vous a donné le pain du ciel,
mais c'est mon Père qui vous donne le véritable pain du
ciel» (Jn 6, 32), disait Jésus. C'est aussi, comme la
manne, un pain qui refait l'unité du peuple. Les uns, pres-
sés par la faim, regrettaient les «oignons d'Égypte»; les
autres voulaient continuer la marche. La manne refait
l'unité du peuple divisé, comme le Christ venu «pour
que tous aient la vie» (Jn 10, 10).

On peut enfin voir dans ce rite du Jeudi saint le *pain
d'offrande,* prémices de la huche. Le pain eucharistique
en effet nous emporte à la suite du Christ, premier-né

---

[2] Cyrille d'Alexandrie, *Commentaire en saint Jean*, P.G. 73, 595.

d'entre les morts, prémices de ceux qui entrent dans la vie du Père. L'Eucharistie insisterait alors sur le fait que le Christ est la tête, le chef de file. «Voyez comment, devenu homme comme nous en prenant notre ressemblance, le Christ s'est offert à Dieu, le Père, comme les prémices de la huche ainsi qu'il est écrit, il s'est montré le premier-né d'entre les morts», écrit Cyrille d'Alexandrie.

Le pain et le vin de Melchisédech:
un culte universaliste

Ces trois sens peuvent être retenus. Mais l'aliment de l'Eucharistie ce n'est pas le pain seulement, c'est *le pain et le vin* inséparablement. Pour tout Juif, les mots «pain et vin» évoquent le rite de Melchisédech, un rite du cycle d'Abraham. Même si ce rite n'a été célébré qu'une fois et n'est pas intégré dans le culte populaire, les Hébreux le connaissent par le psaume 110: «Tu es prêtre pour toujours, à la manière de Melchisédech», un psaume messianique (Mt 22, 41-46; He 5, 6; 7, 1-3). Melchisédech a offert du pain et du vin au peuple de Dieu en la personne d'Abraham. Ce rite a été accompli dans la bénédiction et l'action de grâces pour la victoire du peuple élu sur ses ennemis (Gn 14, 20). On admet que l'acte historique de Melchisédech est un type du don eucharistique par sa sollicitude paternelle à l'égard d'Abraham et de son peuple.

Le culte d'Aaron était le culte principal des Juifs depuis 1700 ans. Il était compliqué, très ritualiste et sophistiqué. Il s'était chargé de symboles nombreux et de développements parfois lourds. Il consistait en l'immolation d'une brebis effectuée par un lévite et dont on mangeait la chair rôtie. Il était enfin exclusif au peuple juif. Or Jésus a voulu que son sacrifice se rattache non pas à celui d'Aaron, mais à l'offrande de Melchisédech qui est du cycle d'Abraham (He 5, 6. 10; 6, 20; 7, 1. 10-11. 14-19). Le culte de Melchisédech ne consiste pas à immoler et à manger un agneau, mais à offrir du pain et du vin. Un culte tout simple, proche de la vie, quotidien même en un sens, le pain et le vin étant des mets de tous les jours. Ce n'est donc pas un culte officiel, solennel, mais un culte spontané jaillissant de la vie et du quotidien.

Jésus renonce aussi au sacrifice offert par une caste particulière, un lévite (un prêtre descendant de la tribu de Lévi), pour lui préférer un culte du peuple. Jésus est de la tribu de Juda. Le culte ancien, celui des lévites, est terminé. Le culte ancien, enfin, était réservé aux seuls Juifs. Celui de Melchisédech est un geste de charitable hospitalité qui rassemble dans l'adoration du Dieu créateur deux peuples dont l'un n'est pas sémite.

En offrant le pain et le vin, Melchisédech dit cette bénédiction: «Béni soit Abraham par le Dieu Très-Haut, qui crée le ciel et la terre.» (Gn 14, 19) Il renvoie donc à une religion cosmique, universaliste «qui crée le ciel et la terre». Au nom du Dieu créateur du ciel et de la terre, ce roi-prêtre offre les produits humbles et élémentaires, nécessaires à la vie. Mais alors communier à ces offrandes, c'est pour Melchisédech et Abraham communier entre eux et communier au créateur du ciel et de la terre dans lequel — chefs de clans différents — les deux hommes se rencontrent.

Les trois dimensions de l'Eucharistie

Le pain et le vin, en ce qu'ils sont et ce qu'ils représentent, intègrent la création matérielle, l'activité humaine et la fraternité d'un repas familial.

La dimension cosmique de l'Eucharistie

Le Verbe s'est incarné pour conduire la création à sa plénitude. Le Christ a aimé le monde. Il n'y a pas alors à s'étonner qu'il ait préféré aux rites compliqués du cycle de Moïse la simplicité des temps patriarcaux; qu'il ait préféré aux viandes rôties le pain et le vin du repas quotidien. La consommation du pain, «autrefois dispersé sur les collines[3]», et du vin extrait des grappes de raisin, par laquelle le peuple rend hommage au Créateur de l'univers, nous rappelle le mystère de la «récapitulation de toutes choses dans le Christ» (Ep 1, 10). Cette dimension cosmique de l'offrande eucharistique relève d'une longue tradition: elle se rattache à Irénée, à Cyrille et à la tradition byzantine. «La messe sur le monde» de Teilhard de Chardin s'en inspire.

---

[3] Voir *la Didaché*, 9, 4.

La dimension humaine de l'Eucharistie

Durant sa vie, Jésus n'a rien créé. À Cana, il demande aux serviteurs: «remplissez d'eau ces jarres». À la multiplication, il utilise les poissons et les pains. Il revalorise l'activité de l'homme que Yahvé «mit dans le jardin d'Éden pour le cultiver et le garder» (Gn 2, 15). Il associe à son œuvre le travail humain. La terre a préparé le froment et le raisin. Mais il a fallu que le travail des femmes et des hommes les transforme en pain et en vin pour les consommer. Le pain est pétri par le labeur humain et le contient.

Le travail crée des liens: rompre le pain avec quelqu'un, c'est l'accueillir en sa maisonnée et le faire communier à sa vie. Son travail a porté fruit. Qu'on partage ce fruit avec quelqu'un, c'est à toute sa vie qu'on lui permet de communier. Partager son repas, c'est se priver pour l'autre[4]. Il y a aussi un lien entre le partage du repas et le partage de ses idées. On accueille à sa table ceux qui partagent les mêmes valeurs et les mêmes soucis que soi, non ses ennemis. Trois choses, disent les scouts, créent l'unité d'une patrouille: prier, travailler et manger ensemble.

---

[4] Le repas crée la communion. Je ne parle pas du repas avalé tout rond sur le comptoir d'un «fast food», mais du repas de famille. «Partager son repas» trouve tout son sens dans les pays en développement. Une famille de six personnes prépare de la nourriture précisément pour six. Elle vous invite à «partager» son repas. On vous laisse alors vous servir et on se partage ce qui reste. La famille «partage» vraiment son repas avec vous.

La dimension fraternelle de la fraction du pain

Durant la longue préparation de l'Ancien Testament, les repas sacrés étaient destinés non pas à tous les peuples mais au seul peuple élu. Les Alliances, qui établissent un lien entre les peuples, étaient scellées par un repas. Le roi de Babylone et le roi Joachim soulignent leur réconciliation par un banquet (2 R 25, 27-30). Jacob et Laban fixent les bornes de leur territoire. Un sacrifice et un banquet confirment cet accord (Gn 31, 54). Après l'Alliance avec Moïse, les anciens mangent le repas sur la montagne de Yahvé (Ex 24, 9-11; 18, 12). L'historien Josèphe rappelle qu'Agrippa et Silas confirment leur Alliance par un banquet (voir aussi Es 55).

La longue tradition des repas de Jésus dans l'Évangile se situe dans cette même foulée. Repas de Cana où Jésus éveille la foi de ses disciples; repas chez Simon, l'homme correct, où Jésus accueille Marie-Madeleine, la pécheresse; repas chez Zachée, à la suite duquel Jésus peut dire: «aujourd'hui, le salut est entré dans cette maison»; repas du père qui accueille son fils prodigue et le restaure dans ses droits de fils. Les promesses universalistes faites à Abraham pour tous les hommes de bonne volonté se réalisent en Jésus (Lc 2, 14). Le banquet de noces dédaigné par les invités… est ouvert à la foule (Lc 14, 22; Mt 22, 10) et tous sont invités à la Pâque nouvelle: «Buvez-en tous» (Mt 26, 27).

La Cène porte le poids de tous ces repas qui sont accueil, pardon et réconciliation avec les pécheurs. Des repas riches d'une promesse de partage des biens les plus essentiels autant matériels que spirituels. Elle se situe dans la vision messianique d'un monde transformé pour l'accorder aux vues de Dieu: bienheureux les pauvres et ceux qui ont faim, ils seront rassasiés dans le grand festin du Royaume.

C'est le repas de Dieu qui, dans son Fils, Jésus Christ, s'assoit à la table des publicains et des pécheurs, signifiant son refus de l'injustice et de la discrimination pour proposer le pardon, la réconciliation et le partage. Dieu qui offre ce repas choisit la communion profonde avec l'homme, dans son histoire humaine qu'il vient transformer.

La cène est essentiellement un repas de communion. Jésus dit: «J'ai tellement désiré manger cette Pâque avec vous.» (Lc 22, 15) Il va jusqu'au bout de son amour en se faisant serviteur (Jn 13, 1). Il exhorte ses apôtres à s'aimer comme lui les a aimés (Jn 13, 12s.). Il adresse à son Père une prière toute centrée sur l'unité de ses disciples actuels et jusqu'à la fin des siècles (Jn 17, 1-26). Tout est mystère de communion des esprits et des corps à un même pain et un même vin qui sont le corps et le sang du Christ. Communion des esprits à la totalité du peuple messianique.

Le drame de Judas

Son action a l'odieux d'une trahison venant d'un hôte. «Celui qui mangeait le pain avec moi, contre moi a levé le talon.» (Jn 13, 18; Ps 41, 10) «La main de celui qui me livre se sert à cette table avec moi.» (Lc 22, 21) Judas consomme son crime au cours d'un repas de communion. Sa trahison contredit le geste qu'il pose. Il se sépare du Christ et de tout le peuple messianique précisément quand se consomme la communion de ce peuple universel avec lui. Il trahit en acceptant le pain que Jésus lui tend en signe de communion (Jn 13, 27). Après la bouchée, «Satan entra en Judas», dit Jean. Judas trahit le Christ au moment où, malgré le péché consommé dans son cœur, Jésus l'appelle encore à entrer dans ce peuple messianique (Mt 12, 30-32). Ici, il trahit dans un geste de communion; au jardin, il trahit par un geste d'amour. Il se coupe des hommes et de l'Église.

Judas est absent pour l'institution. La trahison pouvait aller jusqu'au seuil du mystère de l'amour, mais non y pénétrer. Son refus de communion est consommé, «ayant pris la bouchée, il sortit immédiatement: il faisait nuit.» (Jn 13, 30). En trahissant la charité fraternelle, Judas se retire du mouvement libérateur de la Pâque nouvelle. Le péché de Judas, c'est d'avoir refusé d'entrer dans l'amour du Christ, dans le projet du Christ, et de participer à la vie du Père.

La charité qui fait l'Église

La charité et le corps du Christ

Désormais, la charité est sans faille et le Seigneur peut procéder à l'institution de la Pâque nouvelle. Par des faits, Jésus crée une atmosphère de fraternité. On entre dans un repas où tous sont conscients de leur solidarité. Un pain unique et une coupe unique circulent. Les paroles consécratoires assument cette unité en un plus haut mystère. L'amour fraternel reçoit le souffle de Jésus (pneuma) qui fait de la poussière des individus un corps unique, le corps pneumatique. Ce souffle fait de cet amour fraternel le corps du Christ, l'Église; il fait du pain et du vin le corps et le sang du Christ. Le pain et le vin ont été préparés. L'union fraternelle aussi. Corps mystique et corps eucharistique sont indissociables. C'est par la réalité de l'amour fraternel qu'il faut accéder au réalisme du corps du Christ. «Va d'abord te réconcilier avec ton frère...» (Mt 5, 23-24). Il faut passer par le repas fraternel, par la communion, pour entrer, par la consécration, dans le mystère du calvaire.

Augustin, Cyprien de Carthage et Jean Chrysostome sont revenus sur ce thème de l'unité du pain. Écoutons Augustin: «Un seul pain: qui est ce pain unique? Quoique nombreux, un seul corps. Rappelez-vous que le pain n'est pas formé d'un seul grain, mais d'un grand nombre. Au moment des exorcismes, vous étiez comme broyés. Au moment du baptême, vous avez été comme imbibés d'eau. Et quand vous avez reçu le feu de l'Esprit Saint, vous avez été comme passés à la cuisson: soyez ce que vous voyez et recevez ce que vous êtes. [...] Pour donner au pain une apparence sensible, on a mélangé dans l'eau des grains nombreux qui n'ont plus formé qu'une pâte, symbole des premiers chrétiens dont parle l'Écriture sainte: ils n'avaient qu'une âme et qu'un cœur pour Dieu. Il en est de même du vin. Frères, rappelez-vous comment on fait le vin. Les grains pendent nombreux, à la grappe, mais ils se fondent en une seule et même liqueur[5].»

Sérapion a repris ce thème en s'inspirant d'une prière de *la Didaché*. «Comme ce pain, autrefois disséminé sur les montagnes, a été recueilli pour devenir un, ainsi rassemble ta sainte Église de toute race, de tout pays, de toute cité, de tout bourg, de toute maison et fais d'elle l'Église une, vivante, catholique.» Au sujet du texte: «Puisqu'il y a un seul pain, nous sommes tous un seul corps» de 1 Co 10, 17, Cyprien de Carthage écrit: «Quand le Seigneur appelle son corps le pain composé de l'union d'une multitude de grains, il désigne notre peuple réuni; et quand il appelle son sang le vin tiré d'une quantité de grappes de raisin, il désigne de même notre troupeau unifié par la fusion dans une multitude[6].»

Le pain «rompu»

Devant la conduite des chrétiens de Corinthe, Paul est scandalisé. Ils sont divisés. (1 Co 11, 21-22; 11, 27s.) Les uns s'empiffrent et sont ivres alors que les autres ont faim et soif et ils participent à la même Eucharistie qu'ils font mentir.

Lors du 41e Congrès eucharistique international de Philadelphie (1976), le Cardinal Gracias a demandé que le congrès soit précédé d'un colloque sur «Les faims

---

[5] Saint Augustin, *Sermon*, 272; P.L. 38, 1247.
[6] Cyprien de Carthage, *Epistola ad Magnum*, (66), P.L. t. 3, vol. 1189.

dans le monde». Le père Arrupe a été invité à livrer le discours de clôture. Après avoir décrit la misère et la famine dans le monde, il a conclu ainsi: «Si, à la fin de nos discussions sur l'Eucharistie et les faims dans le monde en quittant cette salle, il nous fallait nous frayer un chemin à travers cette masse de corps moribonds, comment pourrions-nous prétendre que notre Eucharistie est le Pain de vie? Comment pourrions-nous prétendre annoncer et partager avec les autres le même Seigneur qui a dit: "Je suis venu pour qu'ils aient la vie, et qu'ils l'aient en abondance."»

«Peu importe que ces hommes qui meurent de faim soient physiquement devant nos yeux ici et maintenant, ou éparpillés à travers le monde... La tragédie et l'injustice de leur mort sont les mêmes partout où elle a lieu. Et nous qui sommes ici ce matin, nous avons notre part de responsabilité. En effet, dans l'Eucharistie, nous recevons Jésus Christ, qui nous demandera un jour: "J'ai eu faim, et vous m'avez pas donné a manger..."»

À l'origine, l'Eucharistie est un repas fraternel. Le Christ est rendu présent par la charité. «Là où deux ou trois se trouvent réunis en mon nom, je suis au milieu d'eux.» (Mt 18, 20) La présence eucharistique entraîne dans le mystère pascal. Le premier effet du pain eucharistique c'est de signifier, de consacrer et d'affermir l'unité (1 Co 10, 17). Le Cardinal Martini a évoqué ce sens du repas: «Je pense au rôle qu'un repas a ou devrait avoir dans la vie d'une communauté. C'est un moment parmi tant d'autres. Pourtant, il a une signification qui va au-delà des gestes extérieurs. Pendant un repas, on parle, on discute des événements de la communauté, on arrange une situation, on pense à l'avenir. Les biens qu'on échange et qu'on partage au repas commun sont comme le symbole concret des biens auxquels tend la vie familiale et communautaire. Quelque chose de ce genre advient dans l'Eucharistie. À certains égards, c'est un épisode limité et déterminé de la vie de l'Église. Cependant, elle se transforme en une synthèse qui façonne toute la vie, sans rien perdre de sa réalité concrète et déterminée[7].»

La joie du chrétien vient de là: joie profonde de l'amitié (Ac 2, 46); joie qui est le fruit propre de la charité; joie du peuple de Dieu se sachant entré dans les derniers temps. Tout repas devient joie profonde... en tout repas, l'action de grâces et la charité fraternelle sont présentes (voir 1 Co 10, 23-31; Rm 14, 2s.; 1 Tm 4, 3-4; Ac 27, 33-38).

Le repas pascal conduit au sacrifice

Dans la charité, la joie et l'action de grâces, toute l'Église est assemblée, le mouvement pascal peut se poursuivre. Les Hébreux unis autour de Moïse s'engagent dans le désert... Le peuple uni autour du Christ s'engage avec lui dans la direction qu'il indique, le Calvaire... «Ceci est mon corps *livré pour vous*, cette coupe est la Nouvelle Alliance dans mon sang *répandu pour*

---

[7] Cardinal C. Martini, *Sur les chemins du Seigneur,* Paris, Desclée de Brouwer, 1987, p. 237.

vous.» (Lc 22, 19-20) La Pâque chrétienne commence dans la joie fraternelle et débouche sur le Calvaire où se scellera cette fraternité[8].

Pourquoi le repas avant l'immolation? Il faut que le Christ tout entier, corps et tête, monte au Calvaire… pour sceller la Nouvelle Alliance. L'Eucharistie est un rite de communauté, un rite d'Église. Entrer dans l'Eucharistie exige un cœur fraternel car il n'y a qu'un seul sacrifice auquel tous participent et dans lequel chacun entre et existe pour porter sa part. «L'Eucharistie est le sacrifice de l'humanité», dit Augustin.

Une démarche de foi

Ai-je un cœur fraternel à l'Eucharistie? Un cœur prêt au pardon? Ma rupture avec les autres est-elle une invitation à la charité ou son obstacle. «Si ton frère a quelque chose contre toi… va te réconcilier», dit le Seigneur.

On communie debout, comme le prêtre qui immole. Le prêtre dépose l'hostie entre nos mains, il nous confie le «corps du Christ, l'Église». C'est notre responsabilité de le faire croître, de le faire vivre et parfois de le défendre.

«Si donc vous êtes le corps du Christ et ses membres, c'est votre symbole qui repose sur la table du Seigneur. C'est votre propre symbole que vous recevez. À

---

[8] Rappelons-nous ce que dit Augustin du sacrifice: «Un sacrifice est toute action bonne qui met en communion d'amour filial avec Dieu.» Voir pp. 63-64.

ce que vous êtes, vous répondez: "Amen", et cette réponse marque votre adhésion. Tu entends: "Le corps du Christ" et tu réponds: "Amen". Sois un membre du corps de Christ, afin que ton "amen" soit vrai[9].»

---

[9] Augustin, *Sermon* 272; P.L. 38, 1247.

Chapitre 11

L'EUCHARISTIE SOURCE
DE COMMUNION FRATERNELLE

Seigneur Dieu, fais de nous ton peuple saint, animé par ton Esprit. Donne-nous d'être les signes et les témoins de ta charité. Qu'en nous voyant, les êtres humains découvrent ton vrai visage.

Pour entrer dans le mystère eucharistique, il faut être en communion avec le Christ et avec les autres dans la charité. Cela est nécessaire parce que l'Eucharistie est le sacrifice d'une Église, d'un peuple, d'une communauté. Mais l'Eucharistie est aussi la source qui nourrit et entretient la vie fraternelle et qui l'assume dans l'amour du Christ. Tout cela nous est rappelé par l'Eucharistie elle-même. Elle est célébrée au cours d'un repas: «Pendant qu'ils mangeaient» (Mt 26, 26); sous forme de repas: «Prenez et mangez… buvez-en tous» (Mt 26, 27); elle s'appelle «le repas du Seigneur» (1 Co 11, 20); les Actes des Apôtres l'appellent «la fraction du pain» et c'est ainsi que pendant cent cinquante ans on l'a désignée. Or le repas est, bien sûr, un signe naturel et universel de la fraternité qui unit les commensaux. Mais il est aussi la nourriture qui donne la force, qui permet de vivre et qui entretien la charité.

La *vita evangelica*

La vie de la communauté primitive de Jérusalem, la *vita evangelica* (Ac 2, 42-47), est née de l'Eucharistie. Elle est, en quelque sorte, nourrie par elle et se développe dans sa mouvance. On pourrait l'appeler «la vie eucharistique». Cette communauté a été formée par les apôtres, témoins de la vie et de la résurrection du Christ. Elle a reçu l'effusion de l'Esprit (Ac 4, 31). Elle est éclairée par l'enseignement du Christ qu'elle réalise.

La vie de cette communauté est un modèle[1] de vie chrétienne et une manifestation du fruit de la résurrection. Vatican II la présente comme un modèle pour les chrétiens et pour la vie religieuse (*Perfectæ caritatis* 15, 1); un exemple pour les missionnaires (*Ad gentes 25, 1*); un exemple pour les prêtres (*Presbyterorum ordinis* 17, 4 et 21, 1); un modèle de la vie et du peuple messianique (*Lumen gentium* 13, 1) et enfin un modèle pour le peuple tout entier (*Dei Verbum* 10, 1). Cette vie est caractérisée par la fraction du pain et la prière, par l'enseignement des apôtres et par la communion fraternelle (la *koinonia*).

---

[1] La communauté de Jérusalem décrite ici est un modèle de communauté chrétienne. Il y en a d'autres. La communauté charismatique de Corinthe, par exemple. Dans ce modèle, lui aussi nourri de l'Eucharistie, le discernement en commun est essentiel pour que la communauté se développe conduite par l'Esprit, sans tomber dans l'illusion.

La prière et la fraction du pain

«Unanimes, ils se rendaient chaque jour assidûment au temple; ils rompaient le pain à domicile, prenant leur nourriture dans l'allégresse et la simplicité de cœur. Ils louaient Dieu et trouvaient un accueil favorable auprès du peuple tout entier.» (Ac 2, 46-47) Jusque vers 90, ils fréquentaient encore les synagogues. À cause de la nouveauté de leur croyance, ils furent de moins en moins acceptés. Les prières communes étaient présidées par les Apôtres (Ac 3, 1). La fraction du pain: c'est le culte chrétien (Ac 10, 7; 1 Co 10, 16; 11, 24). Il se célébrait dans les maisons des chrétiens au cours d'un repas comme Jésus l'avait fait (1 Co 11, 20). Les premiers chrétiens constituent donc avant tout une communauté. L'Eucharistie s'insère dans la trame de la vie quotidienne et ne se célèbre pas au temple mais en pleine vie, pendant le repas.

L'enseignement des apôtres

Il n'y a pas de communauté chrétienne sans la foi au Christ et donc sans la prédication du Christ. «La foi naît de la prédication et la prédication, c'est l'annonce de la parole du Christ.» (Rm 10, 17) Le Christ est le prêtre d'un culte qui suppose la foi. La prédication, la mission et la catéchèse sont importantes, car elles ont comme but la diffusion de la foi chrétienne. Le décret *Sacrosanctum concilium* de Vatican II le rappelle: «La liturgie ne remplit pas toute l'activité de l'Église, car, avant que les hommes puissent accéder à la liturgie, il est nécessaire qu'ils soient appelés à la foi et à la conversion: comment invoqueront-ils le Christ s'ils ne croient pas en Lui? Comment croiront-ils, s'ils ne l'entendent pas? Comment l'entendront-ils sans prédicateurs? Et comment prêchera-t-on sans être envoyé? (Rm 10, 14-15). C'est pourquoi l'Église annonce aux non-croyants la proclamation du salut, pour que tous les hommes connaissent le seul vrai Dieu et celui qu'il a envoyé, Jésus Christ, et pour qu'ils changent de conduite en faisant pénitence.» (n° 9) «Dans la communauté chrétienne elle-même, surtout pour ceux qui peuvent manquer de foi ou d'intelligence à l'égard de ce qu'ils pratiquent, la proclamation de la Parole est indispensable au ministère sacramentel lui-même, puisqu'il s'agit des sacrements de la foi et que celle-ci a besoin de la parole pour naître et se nourrir. Cela vaut spécialement pour la liturgie dans la célébration de la messe.» (n°5) Parlant des prêtres, saint Jérôme écrit: «Ils enseignent d'abord toutes les nations, puis ils plongent dans l'eau ceux qu'ils ont enseignés. Car il n'est pas possible que le corps reçoive le sacrement de baptême si l'âme n'a pas d'abord reçu la vérité de la foi[2].»

Il est donc nécessaire que le ministre suscite des dispositions adéquates avant l'Eucharistie et qu'il avive la foi des chrétiens. C'est pourquoi vers le deuxième siècle, la liturgie de la parole et celle de l'Eucharistie se sont rapprochées. C'est le rôle de la liturgie de la parole

---

[2] Saint Jérôme, P.L. 26, 226.

et de l'homélie d'affermir la foi des croyants. L'homélie aide à vivre la Parole reçue en la transposant dans sa vie. On peut aussi dire que l'activité missionnaire, l'évangélisation et la catéchèse, en un sens, «font partie de l'Eucharistie». Elles en sont la préparation indispensable.

La communion fraternelle (la koinonia)

La communauté fraternelle est à l'origine de la communauté paroissiale (Ac 2, 44-45 et 4, 32. 34-35). «Tous les croyants vivaient ensemble.» (44a) Il ne s'agit évidemment pas d'une unité «physique»: ils étaient plus de trois mille, mais d'une unité spirituelle. «Ils rompaient le pain dans les maisons» (par maison). Chacun «mettait tout en commun» (44b). De là, l'expression *koinonia* ou *koina* pour désigner cette communauté de communion. Une attitude intérieure commandait des gestes quand cela était nécessaire ou utile: «Ils vendaient...» (v. 45) L'historien juif Philon cite avec admiration «Cette communion fraternelle qui surpasse toute expression» et qui en fait «des gens sans argent et sans possession». Flavius Josèphe parle de leur mépris des richesses et de leur «merveilleux esprit de communauté [...] Si bien que parmi eux, il n'y a aucun pauvre.» C'est cette unité que Paul veut exprimer par la collecte (Ga 2, 10) pour les saints de Jérusalem (1 Co 16, 1; 2 Co 8-9; Rm 15, 26-28).

Les biens sont gardés ou vendus, mais ils sont destinés à l'ensemble de la communauté et non au luxe du petit nombre (Ac 4, 32). «L'homme a le pouvoir d'acquérir et de donner des biens extérieurs, mais quant à l'usage de ces biens, il ne doit pas les posséder comme des biens lui appartenant en propre, mais comme des biens au service de la communauté, c'est-à-dire de telle façon qu'il les communique aux autres facilement en cas de nécessité du prochain», écrit saint Thomas d'Aquin. Cela vaut pour tous les biens et non seulement pour les biens matériels. La constitution pastorale *Gaudium et Spes*, de Vatican II (69, 1), et l'encyclique «Le souci de l'Église pour le problème social», du pape Jean-Paul II, s'inspirent de ce même dépouillement charitable.

Dans les diverses Églises, des pratiques particulières ont exprimé au cours des âges cet esprit de charité, de partage et de communion. En Orient, les chrétiens laissent dans des cabanons leurs dons pour les pauvres. Le prêtre prend le pain et le vin et dispose du reste pour la communauté. En Occident, on dépose sur une table les biens des pauvres. Le carême de partage invite à se priver pour aider les gens dans le besoin. À l'origine, la quête était une cueillette de dons à partager avec les gens dans le besoin. Le jeûne est né au Moyen Âge, non dans un but de pénitence, mais comme un moyen de partager avec les pauvres en économisant sur sa nourriture.

La communion fraternelle et l'Eucharistie

La communion fraternelle est la condition de la fraction du pain. Elle en est aussi le fruit. L'Eucharistie suppose la vie de charité qu'elle exprime comme le baptême suppose la foi dont il est le signe. Paul identifie le culte chrétien à la vie chrétienne. «Je vous exhorte, frères et sœurs, à vous offrir vous-mêmes en sacrifice vivant, saint, et agréable à Dieu.» (Rm 12, 1) Cette communion fraternelle dans la justice doit s'étendre à toute la vie et à tous les hommes. Dans notre vie, pendant longtemps, nous avons oublié la dimension sociale de la foi et du culte. Pour mille raisons, nous avons perdu cette conscience communautaire qui caractérisait la foi des premiers chrétiens et des Pères de l'Église. La vie de foi est devenue mesquine et enfermée dans une relation verticale entre Dieu et soi. De là, la compréhension de l'Eucharistie et des dogmes a laissé se diluer une dimension qui lui est pourtant essentielle. L'Église avec ses temples, ses organisations, son appareil de fonctionnement est devenue un pouvoir au lieu d'être une présence et un service; la présence du Christ et un service de charité.

Une meilleure compréhension de l'Eucharistie et, sans doute, l'action de l'Esprit nous ramènent à la vision ample et authentique de la communauté primitive. Nous comprenons mieux que le christianisme est social et communautaire dans son essence même. Il devrait être clair maintenant que l'action pour la justice sociale et pour l'établissement d'une communauté internationale vraiment fraternelle est un élément constitutif de la fraction du pain et de l'Évangile. Si nous nous laissons marquer par l'Eucharistie, si nous lui permettons d'agir en nous, elle nous ouvrira nécessairement à la véritable fraternité.

Au début de l'Église, la terminologie cultuelle évoque cette dimension fraternelle. On réserve pour le culte juif ou païen la terminologie cultuelle ancienne: service du temple, sacrifice, holocauste, etc. Mais pour le culte nouveau, celui du Christ, on parle d'obéissance à Dieu, de charité, de retour au Père. Pour désigner le culte des chrétiens, on préfère les mots: fraction du pain, repas du Seigneur, table du Seigneur, coupe du Seigneur, des mots qui soulignent la vie fraternelle d'une communauté d'allure familiale et fraternelle.

Celui que nous appelons aujourd'hui «le prêtre» était désigné par des noms qui insistaient sur sa responsabilité communautaire. On l'appelait: surveillant (*épiscopos*), guide (*higouménos*), président (*proïsto-ménos*), ancien (*presbutéros*) ou pasteur (*poimen*). Le mot «sacerdoce» était réservé pour le Christ et pour l'ensemble des baptisés. «Vous êtes un sacerdoce royal.» Jusqu'au Moyen Âge, on disait que la communauté célébrait et que le prêtre présidait.

Communauté chrétienne et discernement

La communion fraternelle donne aussi naissance à un autre type de communauté chrétienne. La communion et le partage total avec la communauté supposent en effet un cœur vraiment libre, détaché des biens matériels et des richesses humaines. Or cette liberté permet au croyant animé par l'Esprit de jouer son rôle véritable dans l'Église et de déployer toute l'activité qui lui revient dans la communion universelle.

Une telle communauté, en effet, éclaire et donne du dynamisme. Elle éclaire, car elle permet de discerner la volonté de l'Esprit et elle dynamise par la charité qui l'habite. La communauté de Corinthe à laquelle saint Paul s'adresse donne un exemple de ce type de communauté. Saint Paul nous indique des paramètres qui aident le discernement (1 Co 12-14). Les mouvements spirituels qui commandent la vie des chrétiens sont tributaires de leur regard de foi et de leur liberté de cœur. Il importe donc de vérifier si sa foi est en harmonie avec la grande tradition spirituelle de l'Église. Éclairer sa foi par l'enseignement des apôtres, transmis par la communauté, permet cet ajustement de sa foi avec la tradition chrétienne, d'une part, et, d'autre part, le partage par les chrétiens de leur expérience de foi vécue permet à une communauté animée par la foi des apôtres d'éviter les déviations et les illusions. La fréquentation de l'Eucharistie développe la charité et la liberté de cœur qui permettent ce sain discernement (1 Co 11, 17-34).

L'Eucharistie et la vie consacrée

La vie consacrée «fait partie intégrante de la vie de l'Église[3]». Elle en est une cellule vivante. La communauté met tout en commun, partage tout: biens maté-

---

[3] Les chiffres renvoient à Jean-Paul II, *La vie consacrée*, Montréal, Fides, 1996.

riels, aptitudes, talents, faiblesses et expériences de foi, consciente de former une famille. On y trouve le Christ et on y donne sa vie pour les autres. On la donne quotidiennement, à petit feu. Tout cela permet l'entrée dans le mystère de mort-résurrection. La source de cette vie de charité, c'est le Christ de l'Eucharistie. Tout cela confère une signification profonde aux vœux de religion. La vie consacrée est «une initiative qui vient tout entière du Père (Jn 15, 16), qui demande à ceux qu'il a choisis la réponse d'un don total et exclusif» (17). Elle a «une dimension pascale» (25) et «une dimension eschatologique» (26).

La paroisse

Deux traits caractérisent la paroisse (*paroikia*, en grec). Elle est une communion fraternelle (une *oikia*, une maisonnée) et elle n'est pas encore acquise (*para*, à côté de). Dans la Bible, le mot paroisse et ses dérivés mettent l'accent sur la transition, la marche vers… On traduit le mot de différentes façons. Les Juifs étaient «*en séjour* ou *en exil* au pays d'Égypte» (Ac 13, 17). Abraham a vécu «dans un pays *qu'il ne possédait pas*» *en étranger, en pèlerin* (Gn 15, 13; He 11, 9). Pierre écrit aux Corinthiens «Conduisez-vous avec crainte durant le temps de votre *séjour sur la terre.*» (1 P 1, 17) Plus loin il écrit: «Je vous exhorte, comme des gens *de passage* et *des étrangers.*» (2, 11) Littéralement, comme «des paroissiens».

En paroisse, on est de passage. Les paroissiens habitent pour un temps une demeure provisoire et précaire en attente d'une demeure définitive. Ils sont des voyageurs, des exilés, des étrangers. Bref, ils sont en marche vers une communauté définitive. Le chrétien vit dans le monde «en paroisse», en pèlerin ou en étranger parce qu'il est *dans* le monde, mais il n'est pas *du* monde (Jn 17, 10. 16). Sa vraie patrie est au ciel. Il n'a pas ici-bas de demeure permanente; il est en route vers la maison (He 13, 14). Le chemin qui symbolise la vie d'un scout est balisé de signes de piste. À sa mort, on trace le signe *fin de piste*. Il a atteint son terme. Il est «entré à la maison du Père». Il a quitté la paroisse pour sa dernière demeure.

L'épître à Diognète définit le chrétien comme un homme «qui habite une patrie, à la façon d'un étranger (*paroikos*), qui comme citoyen prend part à tout, mais supporte tout comme un pèlerin; pour un tel homme, chaque terre étrangère est une patrie et chaque patrie, une terre étrangère[4]». En langage diplomatique, dit R. Cantalamessa, on définit le Vatican «comme un pays étranger». Pour ceux du dehors, cela a un sens. Pour un chrétien, le sens est plus profond et plus radical. Il est l'état d'un peuple étranger et pèlerin dans le monde, d'un «peuple en marche». Mais cette distanciation du monde est eschatologique, non ontologique. Il est *dans* le monde,

---

4 Épître à Diognète V, 5.

non *du* monde. Le chrétien «prend part à tout[5]». Il est étranger par vocation, non par nature.

La Bible parle aussi de «diaspora», de dispersion (1 P 1, 1). Diaspora, «c'est l'acte de disséminer. Le chrétien est la semence de Dieu, dispersée dans le monde, pour porter des fruits et pour que le monde devienne le jardin d'Éden, un paradis. Donc aucun rejet du monde chez le chrétien. Dieu aime le monde», écrit R. Cantalamessa (Jn 3, 16; 12, 47). Il le fait par l'action des chrétiens, «sel de la terre».

La paroisse est donc cette communion active des baptisés qui vivent dans la charité (le mot *oikia* le rappelle) pour permettre à tous de vivre debout, heureux dans un monde où ils apprennent à découvrir l'amour de Dieu et à communier avec lui, dans un monde qu'ils aiment et servent... mais qu'ils sont prêts à quitter pour un paradis encore plus comblant. En un sens bien réel, l'Eucharistie fonde la paroisse. Nous avons vu qu'elle suscite et nourrit la communion et qu'elle se bâtit avec la participation de tous les chrétiens qui se retrouvent dans un même pain.

---

[5] R. Cantalamessa, *L'Eucharistie, notre sanctification,* Paris, Centurion, 1989, pp. 149-154. Quand les déplacements étaient difficiles, une communauté était nécessairement territoriale. Actuellement, dans les grandes villes, une communauté se forme autour d'intérêts communs. Elle n'est plus territoriale. La paroisse de ville est à repenser dans cette perspective.

Conclusion

Le culte des premiers chrétiens était tellement lié à la vie chrétienne de charité et de justice qu'il formait avec elle une unité indivisible. C'est cette communion dans la charité que l'Esprit assume pour qu'elle devienne l'Église et pour que toute la vie chrétienne s'inscrive dans un culte, celui du Christ. La vie chrétienne de charité est participation à la charité même du Christ (Ep 5, 2). Cette charité est communiquée aux chrétiens dans le mystère eucharistique: «Quand nous serons nourris de son corps et de son sang et remplis de l'Esprit Saint, donne-nous d'être un seul corps et un seul esprit dans le Christ.»

Une démarche de foi

De nombreux chrétiens se réunissent en petites équipes pour partager leur foi vécue ou pour prier ensemble. Chacun confronte ses croyances avec celles des autres. Si la foi du groupe baigne dans la grande tradition chrétienne, ce partage protège de l'illusion. Ces groupes ont donc la responsabilité de discerner si leur foi est authentiquement chrétienne. La communauté primitive offre des critères précieux pour discerner les groupes qui évoluent sous la mouvance de l'Esprit et ceux qui s'en éloignent.

1. La vie chrétienne trouve sa foi et son inspiration dans les évangiles, non dans des révélations privées.

2. La vie chrétienne se réalise dans la vie quotidienne et dans son devoir d'état; elle n'arrache pas aux obligations quotidiennes au profit d'un merveilleux naïf.

3. La vie chrétienne intègre dans son sein les pauvres, les marginaux, les mal-pris et les victimes d'injustice. Elle les chérit d'une façon particulière, comme le Christ le faisait.

4. Une personne conduite par l'Esprit adopte les attitudes du Christ qui était animé du même Esprit: c'est l'esprit des Béatitudes accompagné d'une humilité profonde et vraie.

5. Une communauté chrétienne authentique est contagieuse; elle attire, elle fait bouger l'Esprit qui habite le cœur de tout homme.

6. Une vie authentiquement chrétienne ne marginalise personne. L'Esprit rassemble dans la charité; il ne divise pas.

7. Une communauté chrétienne ne crée pas un pouvoir artificiel en conférant naïvement une autorité quasi-divine à un individu qui domine le groupe.

8. Une communauté spirituelle exprime sa foi dans un culte et une prière spontanés.

Le chrétien «pratiquant» n'est pas d'abord celui qui va à la messe le dimanche, mais bien celui qui vit la justice, le partage et la charité. Il exprime et nourrit sa vie de foi dans un culte vivant. «Suivre le Christ», ce n'est pas le copier extérieurement ou s'imposer des comportements. C'est d'abord être animé par son Esprit de charité et de justice et laisser cet Esprit commander ses comportements.

Chapitre 12

ADORER EN ESPRIT ET EN VÉRITÉ
Jn 4, 19-24

Aide-nous, Seigneur, à comprendre — mieux que la Samaritaine — que le culte que tu désires, c'est celui qui est porté par une vie unie à ta vie et animée par ton Esprit.

Jésus dit à la Samaritaine: «L'heure vient où les vrais adorateurs adoreront en esprit et en vérité.» Il l'invite donc à dépasser le culte ancien célébré dans le temple pour s'adonner à un culte spirituel. Mais qu'est-ce qu'un culte spirituel; qu'est-ce qu'adorer en esprit et en vérité?

Une femme de Samarie

Le contexte

La Samaritaine est une femme intelligente et même astucieuse. Elle est habile à *fuir* les questions de Jésus qui cherche à prendre contact avec elle au puits... «Comment, toi un Juif…» Elle prétexte une chicane religieuse pour fuir. Jésus lui dit: «Appelle ton mari.» Elle fuit en le relançant avec une question de liturgie et de culte. Ce n'est pas très compromettant. Mais Jésus revient et en fait une question personnelle: «Vous adorez…» À la fin, il fait sa grande déclaration: «L'heure vient où les vrais adorateurs adoreront en esprit et en vérité.»

L'heure de Jésus

À Cana, Jésus dit: «Mon heure n'est pas encore venue.» L'heure de Jésus, chez saint Jean, a trois sens que le contexte précise. Trois sens qui concernent toujours sa glorification. C'est tout d'abord le moment où il lui est possible — à cause de la foi des gens (Mt 13, 58) — de manifester sa gloire par des *signes* (des miracles). C'est aussi le moment où, de fait, sa mort-résurrection le fera entrer dans la gloire du Père. C'est enfin le moment de son avènement comme roi de l'univers, comme Christ «cosmique» entraînant la création dans la gloire du Père, à la fin des temps.

À Cana, Jésus dit: «Mon heure n'est pas encore venue» et pourtant il pose son premier «signe», il manifeste sa gloire et ses apôtres croient en lui. De fait, elle est venue, son heure, à la demande de la Vierge. Le métropolite Antoine, s'appuyant sur les Pères de l'Église, donne une interprétation de ce qui s'est passé. Le Seigneur dit à la Vierge: «Qu'y a-t-il de commun entre toi et moi, ô femme; mon heure n'est pas venue.» On pourrait paraphraser: «Pourquoi t'adresses-tu à moi et me demandes-tu un miracle? Est-ce à cause d'un lien du sang entre toi et moi?... alors mon heure n'est pas venue.» Nous sommes toujours sur le plan humain.

Marie passe outre. Elle dit aux serviteurs: «Quoi qu'il vous ordonne, faites-le.» Marie fait un acte de foi parfait. Par cet acte, elle se situe au plan de la grâce, de la foi, du Royaume déjà venu en puissance, sur le plan eschatologique. Et à l'instant où elle pose cet acte de foi, l'heure du Seigneur est là. La foi totale de la Vierge établit les conditions du Royaume et Jésus peut agir. «Dieu est partout où l'homme le laisse entrer», dit un vieux proverbe hébreu. Par son acte de foi, Marie l'a laissé entrer.

L'heure de Jésus est alors venue et Notre Seigneur s'empare d'un culte de l'Ancien Testament qu'il transforme, accomplit et conduit à sa plénitude. Il prend les six urnes de la purification, un culte de l'Ancien Testament donc (un culte imparfait: six urnes), et il le transforme. Il passe du culte ancien, la purification, au culte nouveau: il change l'eau en vin, un geste qui symbolise l'Eucharistie. Donc, par son geste, Jésus dit en quelque sorte: «Le temple, Jérusalem ou Garizim, c'est fini tout ça — c'est le culte ancien —, c'est en esprit et en vérité maintenant qu'il faut adorer...» «Oui, le messie viendra...» «Je le suis, moi qui te parle.» «Je suis, moi qui te parle», renvoie, selon une note de la TOB, au «Je suis Yahvé», de Dieu à Moïse.

Le culte spirituel

Adorer en esprit

En 536, après 50 ans d'exil à Babylone, Ézéchiel annonce la reconstruction de la Jérusalem renouvelée (Ez 36, 24-28). Il décrit avec force détails le temple... Il voit sortir du côté droit de l'autel de l'eau qui descend dans la vallée et la féconde. (Ez 47) À la fête des tabernacles qui rappelle la dédicace du temple, la procession descend sept fois à la fontaine de Siloé. Les prêtres y puisent l'eau et aspergent l'autel. Jésus s'écrie: «Si quelqu'un a soif, qu'il vienne à moi et que boive celui qui croit en moi.» Comme l'a dit l'Écriture: «De son sein couleront des fleuves d'eau vive.» (Jn 7, 37-38) Jean ajoute: «Il désignait ainsi l'Esprit que devaient recevoir ceux qui croient en lui.» (7, 39)

Le soldat ouvre le côté de Jésus en croix. «Il en sortit du sang et de l'eau.» (19, 34) Le sang, symbole de la vie, et l'eau, symbole de l'Esprit. «Tout est achevé», s'écrie Jésus (19, 30). Il témoigne par «l'Esprit, l'eau et le sang», commente Jean (1 Jn 5, 8).

Adorer en vérité

Le culte ancien célébré dans le temple n'est pas faux. Il est voulu par Dieu. Mais il est imparfait. Les prophètes réclamaient un culte intérieur: «Ce peuple m'honore des lèvres, son cœur est loin de moi.» On parlait aussi d'une «circoncision du cœur.» Adorer en vérité, c'est plus que le culte intérieur, ancien, qui est imparfait et qui doit conduire au culte parfait. «Tout cela n'est que l'ombre de ce qui devait venir, mais la réalité relève du Christ.» (Col 2, 17) Tout culte doit aboutir au Christ (Ga 3 et 4). La loi est pure et simple (Ps 119 et 19), mais elle doit conduire à autre chose. «Femme, crois-moi, l'heure vient et nous y sommes.»

«Adorer en vérité» renvoie au Christ qui par sa résurrection dans l'Esprit est retourné au Père, Christ glorieux. (Rm 1, 4) «Moi, voilà la vérité», pourrait dire Jésus. «Dorénavant, pour le sacrifice, plus besoin de temple de pierres. Le seul temple dans lequel on peut adorer Dieu, c'est le temple vivant de mon corps ressuscité.»

Dans le parvis du temple devenu lieu de commerce, Jésus bouscule les tables des changeurs... Tout cela n'a plus sa raison d'être. «Quel signe montres-tu pour agir ainsi?...» — Détruisez ce temple...» — « Il parlait du temple de son corps», se rappellent les apôtres. «Vous avez été intégrés dans la construction qui a pour fondement les apôtres et les prophètes, et Jésus Christ lui-même comme pierre maîtresse. C'est en lui que toute construction s'ajuste et s'élève pour former un temple saint dans le Seigneur. C'est en lui que, vous aussi, vous êtes ensemble intégrés à la construction pour devenir une demeure de Dieu par l'Esprit.» (Ep 2, 20-22)

Il faut adorer le Père dans la vérité, l'authenticité, la réalité d'un sanctuaire vivant qui est ma personne ressuscitée. Toute adoration atteint Dieu seulement par le Christ en sa mort et sa résurrection. L'Esprit fait de nous des pierres vivantes de ce temple qu'est Jésus. «Si quelqu'un détruit le temple de Dieu, Dieu le détruira. Car le

temple de Dieu est saint, et ce temple, c'est vous.»
(1 Co 3, 17) «Ne savez-vous pas que vos corps sont les
membres du Christ?» (1 Co 6, 15) «Ou bien ne savez
pas que votre corps est le temple du Saint Esprit qui est
en vous et qui vous vient de Dieu, et que vous ne vous
appartenez pas?» (1 Co 6, 19)

Adorer en esprit et en vérité

C'est cela, adorer en esprit et en vérité, c'est participer au culte du Christ animé totalement par l'Esprit, de
sorte que nous formions avec le Christ le véritable temple, le temple vivant, le corps mystique, et que nos cœurs,
fondus dans le cœur du Christ, offrent au Père l'amour
qui transforme toutes nos vies en un unique sacrifice
agréable à Dieu.

C'est le message de Jésus à la Samaritaine. «Le temple, c'est bon mais ce n'est pas l'essentiel… la réalité
dont je parle et que j'apporte est infiniment plus profonde, plus universelle, plus intérieure que tout ce que
tu peux imaginer, plus que toutes les églises que tu pourrais bâtir, au plan du culte et de la liturgie. Il s'agit de
ma personne glorifiée qui répand l'Esprit et qui conduit
les êtres humains au Père.» L'auteur de l'épître aux Hébreux explicite cette perspective: «En entrant dans le
monde, le Christ dit: de sacrifice et d'offrande, tu n'as
pas voulu, mais tu m'as façonné un corps. Holocaustes
et sacrifices pour le péché ne t'ont pas plu. Alors j'ai
dit: Me voici, […] je suis venu, ô Dieu pour faire ta volonté.» (He 10, 5-7) Paul ajoute: «Il supprime le premier

culte pour établir le second. C'est dans cette volonté que nous avons été sanctifiés par l'offrande du corps de Jésus Christ, faite une fois pour toutes.» (He 10, 9-10)

Lumen gentium explicite tout le champ d'application de cette doctrine: «Voulant poursuivre également, par le moyen des laïcs, son témoignage et son service, le Christ Jésus, prêtre suprême et éternel, leur apporte la vie de son Esprit... À ceux qu'il s'unit intimement dans sa vie et sa mission, il accorde en outre une part dans sa charge sacerdotale pour l'exercice du culte spirituel en vue de la glorification de Dieu et du salut des hommes... Toutes leurs activités, leurs prières, et leurs entreprises apostoliques, leur vie conjugale et familiale, leurs labeurs quotidiens, leurs détentes d'esprit et de corps, s'ils sont vécus dans l'Esprit de Dieu et même les épreuves de la vie, pourvu qu'elles soient patiemment supportées, tout cela devient "offrandes spirituelles, agréables à Dieu par Jésus Christ[1]".»

Saint Paul expose la même idée dans l'épître aux Romains: «Je vous exhorte, frères, par la miséricorde de Dieu à vous offrir vous-mêmes en *sacrifice vivant*, saint et agréable à Dieu: ce sera là votre culte spirituel.» (Rm 12, 1) Pierre avec un langage plus imagé exprime la même idée. «Vous-mêmes, comme des *pierres vivantes*, entrez dans la construction de la Maison habitée par l'Esprit, pour constituer une sainte *communauté sacerdotale* pour offrir des sacrifices spirituels, agréables à Dieu par Jésus Christ.» (1 P 2, 5)

---

[1] *Lumen gentium*, n° 34.

Pierre Chrysologue écrit: «Il faut tenir à la pré-éminence de la vie sur le culte; sans cela le culte devient facilement une magie ou une routine. Ce n'est pas le sacrement qui produit la conversion, mais c'est bien l'adhésion à l'Évangile vécu qui donne sens et valeur à la célébration liturgique qui exprime alors sa vie de foi.» Il ajoute: «Ce n'est pas la vie de l'homme qui est agréable à Dieu, mais la vie de l'homme juste. L'homme ne devient pas hostie en s'offrant à Dieu, mais en s'offrant saint à Dieu[2].» Irénée de Lyon explicite encore davantage: «Ce ne sont pas les sacrifices qui rendent l'homme saint, car Dieu n'a pas besoin de sacrifices; mais la conscience de celui qui offre rend saint le sacrifice; est-elle pure? Dieu l'agrée comme celle d'un ami[3].» «Dieu a voulu que nous fussions nous-mêmes son sacrifice, ce qui apparaît lorsqu'il nous est demandé d'emblée de nous offrir nous-mêmes en sacrifice à Dieu; ce sacrifice est le symbole de ce que nous sommes», écrit Augustin. La prière eucharistique III nous fait demander: «Que l'Esprit Saint fasse de nous une éternelle offrande à ta gloire.»

Conclusion

Le temple, la loi, le sacrifice sanglant, l'autel et l'immolation sont remplacés par le Christ dans sa mort et sa résurrection. Le chrétien n'est plus l'homme de la loi mais l'homme qui par la foi et par l'Esprit se situe dans

---

[2] Pierre Chrysologue, *Sermon*, 109, P.L. 52, 502.

[3] Irénée de Lyon, *Contre les hérésies,* P.G. 7, 1024.

196

le Christ. Cette perspective d'intériorité et de vie dans l'Esprit purifie notre regard sur l'Eucharistie. Toutes les figures de l'Eucharistie dans l'Ancien Testament trouvent leur sens définitif dans le Christ mort et ressuscité.

Nos vies doivent trouver leur signification dans l'Esprit qui habite en nous. Tout culte vrai est l'expression d'une vie qui bouillonne en soi, celle de l'Esprit. Sans cela le culte est vide... il est un retour dans le passé.

Une démarche de foi

— Être conscient de Son baptême et de la présence de l'Esprit en soi. La pureté d'intention ou la pureté de cœur consiste à mettre de la qualité dans sa vie. Prendre conscience que toute sa vie est offerte au Père dans le Christ, que toute ses activités sont sa collaboration à la réalisation du projet créateur invite à donner toute sa valeur au moment présent, à l'action qu'on pose actuellement. Un chrétien n'a pas le droit de bâcler ses actions; il doit mettre de la qualité dans sa vie.

— Le culte n'est pas un geste ponctuel, mais un résumé de toute sa vie, un *état de vie*, en quelque sorte. Toute la vie est cultuelle. La pratique religieuse est avant tout une vie de charité, de justice et de partage couronnée par un culte qui offre toute cette vie à Dieu dans le Christ.

— Être attentif aux mouvements de l'Esprit dans l'intime de mon cœur. C'est par ces mouvements que l'Esprit commande nos vies, les dirige et fait de nous des «temples de l'Esprit».

***

Par le Christ Jésus, nous offrons à Dieu notre vie avec ses richesses, mais aussi avec ses faiblesses et ses limites. Notre vie fait partie intégrante de l'offrande du Christ. L'intensité infinie de son amour pour son Père compense pour les limites et les faiblesses de nos vies. Une magnifique prière d'offrande exprime l'unité de cette offrande de notre vie avec celle du Christ. Je la transcris ici:

Père éternel, je vous offre le cœur de Jésus,
avec son amour,
ses souffrance et ses mérites.

Pour expier les péchés que j'ai commis,
aujourd'hui et durant toute ma vie.
Gloire au Père, au Fils et au Saint Esprit...

Pour purifier le bien que j'ai mal fait,
aujourd'hui et durant toute ma vie.
Gloire au Père, au Fils et au Saint Esprit...

Pour suppléer au bien que j'aurais dû faire et que j'ai négligé de faire,
aujourd'hui et durant toute ma vie.
Gloire au Père, au Fils et au Saint Esprit...

Chapitre 13

MARIE ET L'EUCHARISTIE[1]

Seigneur Jésus, tu as voulu que Marie soit co-rédemptrice avec toi, qu'elle accueille en plénitude ta grâce, qu'elle soit vraiment ma mère et qu'avec toi, elle me donne la Vie qui ne finit pas. Donne-moi de l'aimer et de la vénérer d'un cœur simple et tout abandonné à son amour.

Le pape Jean-Paul II rappelle le lien étroit entre la dévotion à la Vierge et la dévotion à l'Eucharistie[2]. Mais il y a plus qu'un lien extérieur. Marie, affirme la théologie récente, est *co-rédemptrice* avec le Christ. Elle a donc pris une part active au sacrifice du Christ. Elle est nécessaire à la rédemption et au salut de l'humanité, comme le Christ. Son rôle cependant est autre que celui du Christ. Je ne prétends pas préciser en quoi il consiste. L'Église

---

[1] Ce chapitre s'inspire abondamment d'une causerie du père Édouard Hamel, s.j., donnée à Notre-Dame-de-Montserrat, en mars 1988. Je le remercie de me permettre de l'utiliser.

[2] Jean-Paul II, Encyclique: *La bienheureuse Vierge Marie dans la vie de l'Église en marche*, Montréal, Fides, 1987, n° 44.

ne l'a pas encore fait. Regardons quand même quelques aspects de sa participation à la rédemption, à notre salut et à l'Eucharistie.

Le nouvel Adam et la nouvelle Ève

Parce qu'il est né d'Adam, l'être humain est terrestre — saint Paul dit «charnel». Il est voué à la mort. «La mort a régné, même sur ceux qui n'avaient pas péché par une transgression identique à celle d'Adam.» (Rm 5, 14) Tout humain, de par son humanité, est fragile, créé dans le temps et terrestre. Descendant d'Adam, il est voué à la mort.

Pourtant Adam est la «figure de celui qui devait venir» (Rm 5, 14). Il préfigure le Christ de qui nous recevons notre condition spirituelle. L'épître aux Romains explicite cette relation entre Adam et le Christ (5, 12-21). Ce dernier est le «premier-né d'une multitude de frères» (Rm 8, 29; Col 1, 15). Cyrille d'Alexandrie écrit: «De même qu'en Adam, le premier homme créé, nous étions enfermés dans les liens de la mort, de même en Jésus, le premier-né pour nous, tous ressusciteront d'entre les morts[3].» Or c'est par son union avec l'Église que le Christ nous engendre à la vie dans l'Esprit. «Le Christ a aimé l'Église et s'est livré pour elle.» (Ep 5, 25) Les Pères de l'Église et la tradition ont toujours vu un lien étroit entre Marie et l'Église. Marie est la nouvelle Ève

---

[3] Comm. en saint Jean IV, 3, P.G. 73, 572.

qui, avec le Christ, nous «engendre» à la vie dans l'Esprit, tout comme le Christ nous donne la vie par son Église.

Il est difficile de préciser en quoi la Vierge est co-rédemptrice, mais nous pouvons signaler deux formes qu'a prises sa participation à notre rédemption. Marie a donné à Jésus le corps grâce auquel il a effectué notre salut. De plus, par sa correspondance libre et totale à l'action de l'Esprit en elle, elle a préparé l'Église qui a jailli de sa foi et par laquelle nous sommes sauvés.

Marie a donné à Jésus son corps offert en sacrifice

Le Christ est sauveur par sa chair, par son corps. Or ce corps il l'a reçu de la Vierge Marie. C'est par cette chair qu'il est contenu dans l'Eucharistie, offert en sacrifice et consommé comme nourriture de Vie.

Marie a donné à Jésus son corps contenu dans l'hostie

La tradition et les Pères de l'Église reviennent constamment sur ce fait que le corps du Christ eucharistique est le corps né de la Vierge Marie. On en trouve une première mention vers 220, dans la préface d'une messe de saint Hippolyte de Rome: «Le Christ sauveur, rédempteur et messager... né dans le sein d'une vierge.» Cela nous a donné dans la deuxième prière eucharistique: «C'est lui que tu nous as envoyé comme Rédempteur et Sauveur, Dieu fait homme, conçu de l'Esprit Saint, né de la Vierge Marie.» Cette mention de la Vierge est la plus ancienne que l'on connaisse.

Dès le IIe siècle, Ignace d'Antioche affirme l'identité entre le corps et le sang reçu dans l'Eucharistie et le corps historique de Jésus né de Marie: «L'Eucharistie est la chair de notre sauveur Jésus Christ qui a souffert pour nos péchés et que dans sa bonté le Père a ressuscité.»

Saint Ambroise, au IVe siècle, rappelle la même idée: «Ce que nous produisons dans la consécration c'est le corps né de la Vierge, c'est la vraie chair du Christ qui a été crucifiée, qui a été ensevelie, donc c'est le sacrement de sa chair.» Le Christ est dans l'Eucharistie parce qu'elle est le corps du Christ. D'ailleurs, à propos de la phrase de Jésus: «Je suis le pain vivant descendu du ciel», Ambroise précise: «Lui est descendu mais sa chair, non; sa chair il l'a prise d'en bas, il l'a prise d'une vierge sur terre.»

Au siècle suivant, saint Jérôme commente ainsi le verset du psaume *La terre a donné son fruit:* «La terre, c'est sainte Marie, de notre terre, de notre race d'Adam. Elle a donné la fleur et la fleur est devenue le fruit pour que nous puissions le manger et que nous puissions nous en nourrir.» L'antienne *Ave verum corpus natum de Maria virgine*, du XIVe siècle, résume cette croyance.

La foi des Orientaux a évolué dans la même direction. Saint Éphrem de Syrie explicite le lien entre Marie, le Christ et l'Eucharistie. «L'Eucharistie, c'est le mystère du corps du Christ qui devient sacrement du salut. C'est Bethléem qui a préparé l'Eucharistie. L'enfant Jésus est la semence qui deviendra le blé, le pain et le vin eucharistiques.»

Le même Esprit qui a présidé à l'incarnation du Verbe dans le sein de la Vierge nous le donne dans le pain. Saint Éphrem voit une similitude entre la consécration du pain et du vin par l'Esprit Saint et la formation de l'humanité de Jésus par l'action de ce même Esprit dans le sein de Marie. «Marie nous a donné Jésus dans son incarnation et elle nous le donne dans l'Eucharistie.» Pour saint Éphrem, l'Eucharistie est une application de l'incarnation. «C'est la même réalité, sous un vêtement différent.» Évidemment, l'incarnation et la consécration du pain ne sont pas identiques, mais la comparaison entre les deux aide à comprendre la réalité de la présence réelle du Christ dans l'Eucharistie. L'épiclèse sur les offrandes et la descente de l'Esprit sur la Vierge qui enfante sont deux actes analogues.

Saint Jean Damascène écrit: «Si quelqu'un désire savoir comment le pain est changé dans le corps du Christ Jésus, je vais le lui dire. Le Saint Esprit recouvre de son ombre le prêtre et agit en lui comme il a agi sur la Vierge Marie.» Saint Bonaventure va dans le même sens: «Dieu, quand il descend sur l'autel, ne fait rien moins que ce qu'il a fait quand pour la première fois il devint homme dans le sein de la Vierge Marie.»

Dans la prise de possession de l'univers matériel par l'Esprit, Marie joue un rôle essentiel. L'Esprit de Dieu présent dans la création préside la montée de l'univers vers Dieu. Le souffle de Dieu (la *ruach*) plane sur les eaux de la création (Gn 1, 2). Dieu «insuffla dans les narines de l'homme l'haleine de vie (*neshama*) et l'homme devint autonome» (Gn 2, 7). Ce même Esprit prend possession de Marie pour donner jour au premier-né, le nouvel Adam (Lc 1, 35). L'acte re-créateur de la Pentecôte (Ac 2) est aussi œuvre de l'Esprit. La première communauté chrétienne reçoit le souffle de Jésus (*pneuma*) qui fera de la poussière des individus son corps pneumatique, l'Église. Et c'est ainsi que tout l'effort moral d'humanisation du monde, animé par l'Esprit agissant dans l'Eucharistie, est un mouvement re-créateur.

La liturgie du 4e dimanche de l'Avent, dans la prière sur les offrandes, exprime ce parallèle: «Que ton Esprit Saint, Seigneur notre Dieu, dont la puissance a fécondé le sein de la Vierge Marie, consacre les offrandes posées sur cet autel.»

Historiquement, quand la foi en l'Eucharistie court le risque de se dissoudre en un symbolisme détaché du réel, l'Église a toujours recours à cette identification: le corps présent dans l'Eucharistie, c'est le corps né de Marie. Marie «sauve» l'Eucharistie en nous rappelant que le Christ n'est pas une abstraction mais une réalité humaine et vivante. L'Eucharistie s'enracine dans le temps où Jésus est né, a grandi et où il a souffert jusqu'à se transfigurer dans la résurrection. Marie est la source de l'Eucharistie qui est le mystère du corps de son fils transfiguré par la souffrance et la résurrection.

Marie a donné à Jésus son corps offert comme victime

Non seulement le corps que Marie a donné au Christ est contenu dans l'Eucharistie, mais il est aussi offert comme victime. Dans les catacombes, on trouve des mangeoires en forme d'autel sur lesquelles est couché l'enfant Jésus. Le lien entre l'incarnation et la rédemption est ainsi explicité. Les Pères de l'Église d'ailleurs avaient déjà fait le lien entre l'enfant de Bethléem et le pain de vie: la naissance de Jésus, la mort de Jésus et l'Eucharistie. L'herbe de la mangeoire, le pain eucharistique et la victime du Calvaire se fondent ensemble et nous donnent un signe d'une grande profondeur théologique.

Cyrille d'Alexandrie prête au Verbe ces paroles: «J'ai pris sur moi la chair mortelle, mais dès lors que je l'ai habitée, moi qui suis vie par nature, étant issu du Père vivant, je l'ai transformée pour lui faire vivre ma propre vie. Je n'ai pas été vaincu par la corruption de la chair; c'est moi plutôt qui l'ai vaincue en tant que Dieu.»

À l'offertoire de la messe, nous présentons les dons, fruits de la nature et de notre travail. Dans un geste de liberté et d'amour nous donnons à Dieu ces biens et nous offrons aussi toute la création et notre propre vie avec ses activités quotidiennes. C'est notre participation active au sacrifice du Christ.

Quand Marie lors de la présentation au temple présente son fils à Dieu, on peut penser qu'elle agit en solidarité humaine et que son offrande dépasse la scène concrète du temple. Elle est vraiment la vierge de l'offrande, la vierge qui s'offre avec et en son fils et qui devient modèle et porte-parole de toute l'Église qui s'offre. Déjà dans l'Ancien Testament, le sacrifice comportait deux éléments: l'amour qui accomplit la communion avec Dieu et le don de soi. L'amour de la Vierge pour Dieu et les autres nous enveloppe dans une solidarité qui lui permet d'offrir au Père en Jésus toute l'humanité et l'univers entier. Le fiat de Marie est indispensable à l'Eucharistie qui continue l'incarnation et en est comme l'extension.

Dans les églises orientales, l'icône de l'annonciation doit toujours figurer sur les deux portes royales de l'iconostase qui divisent en deux l'église, pour rappeler le début de notre salut et la manifestation de l'éternel mystère. Ces portes royales ayant deux battants, sur la porte de gauche figure toujours Gabriel et sur celle de droite la Vierge. Elle est toujours assise ou debout, jamais à genoux, pour souligner la grandeur de la mère de Dieu. Cette présence de Marie sur les portes rappelle que Marie a ouvert les portes de l'incarnation et, avec ce même fiat, elle ouvre les portes de l'Eucharistie.

Lors de la procession des offrandes, dans la liturgie maronite, on entonne, en le mettant dans la bouche du Christ, ce chant: «Le Père m'a envoyé, moi le Verbe incorporel comme un grain de froment savoureux et le sein de Marie, semblable à une terre fertile, m'a accueilli. Et voici que les prêtres me mènent en procession à l'autel.»

Le Verbe de Dieu vient dans notre monde et retourne au Père dans l'Esprit… c'est la vie intime de la Trinité qui se révèle dans ce mouvement créateur. Mais en venant dans notre monde et en prenant un corps humain de Marie, c'est notre chair même qui, par Jésus, retourne à Dieu et entre dans la vie trinitaire.

Marie offre la chair consommée en nourriture

Luc nous dit que Marie mit Jésus au monde… et le déposa dans une mangeoire, là où le bœuf et l'âne vont se nourrir. Marie, par là, semble nous dire que son fils s'est fait notre nourriture. La mangeoire, selon plusieurs Pères, est un symbole de l'Eucharistie. «Jésus, dit Cyrille d'Alexandrie, fut placé dans une mangeoire afin qu'en s'approchant de la table de sa mangeoire nous ne trouvions plus de l'herbe mais le pain descendu du ciel. Et ce peuple qui se nourrissait d'un pain misérable se nourrit maintenant d'un pain descendu du ciel. Alors qu'Ève tend à Adam un fruit de mort, Marie offre un fruit de son sein bon à manger, agréable à la vue et désirable pour acquérir la sagesse. À la place du pain de la fatigue offert par Ève, Marie nous donne le pain qui restaure. Et en communiant nous recevons le corps glorifié, ce même corps que Jésus a reçu de Marie, la nouvelle Ève, et c'est par son humanité que le Christ vient à nous dans l'Eucharistie et Marie après avoir nourri son fils maintenant nous nourrit de son Fils.»

On peut comparer le fiat de Marie à l'annonciation avec notre «oui» au Seigneur, après la communion, avec notre *amen*. Nous aussi, nous sommes invités à dire fiat chaque fois que nous recevons Jésus. À Nazareth, le fils de Dieu s'est incarné en Marie, mais seulement après que Marie eut dit «oui» pour signifier sa disponibilité et son abandon total. Et le Christ ressuscité forme continuellement les membres de son corps par l'action de l'Esprit et les nourrit de son corps eucharistique. «Celui qui mange… reste en moi et moi en lui.» Après la communion, le Christ vit en nous par sa présence pneumatique. Tandis que la communion physique passe, la communion spirituelle demeure et nos communions porteront leurs fruits dans la mesure où nous nous laissons transformer par le Christ, où nous nous ouvrons à l'action de son Esprit.

C'est pourquoi, dans l'action de grâces, nous pouvons paraphraser la réponse de Marie à l'ange: «Oui, je suis ton serviteur, Seigneur, le fils de ta servante Marie. Qu'il me soit fait selon ta Parole faite chair et que le don qui nous est fait dans cette vie passagère nous soit un remède pour la vie éternelle.»

Corps physique né de Marie, corps eucharistique venant de Marie, Jésus a pris place parmi nous, grâce au fiat jailli de l'amour de Marie pour Dieu et pour les êtres humains. Marie est la mère de notre famille humaine et de ceux qui à la même table partagent le même pain.

Marie et l'Église

L'acquiescement de Marie au don de la foi est à l'origine de la foi de l'Église. À l'heure de la croix, la foi et l'espérance de toute l'humanité s'étaient réfugiées dans le cœur de Marie. C'est pourquoi elle est présente dans la communion des saints comme la première des bénéficiaires de la Rédemption et comme une source de notre communion dans la foi. De plus, l'intercession maternelle de Marie en faveur de la communauté qui célèbre est présente au cours de chaque Eucharistie.

Marie est la première des élus et la source de notre foi

Dans l'Église, Marie est liée à son Fils et elle occupe une place spéciale de trait d'union entre l'Église céleste et l'Église d'ici-bas. Sa présence est liée à la communion des saints où elle occupe le premier rang comme la première des sauvés et la plus parfaitement proche du salut. Associée à son fils dans l'œuvre du salut, elle est la première bénéficiaire de la Rédemption. La Supersauvée. Tellement sauvée qu'elle a été préservée. Et sa foi s'épanouissait dans un amour total pour son Dieu qui correspondait à son amour de mère; un amour combien total, puisque Jésus est né de l'unique «oui» de sa mère et de l'Esprit.

À la croix, devant le désarroi des apôtres et des disciples, la foi de l'Église, qui contenait en germe notre propre foi, s'était réfugiée dans le cœur de la Vierge. Là, elle brillait encore et nourrissait l'espérance qui a débouché dans la foi au ressuscité. Cette foi s'est propagée dans le cœur des apôtres et c'est elle qui nous fait vivre aujourd'hui.

L'intercession de Marie

Marie assiste l'Église de son intercession. Nul mieux qu'elle n'est immergé dans le mystère de la Rédemption et nul ne peut nous aider plus qu'elle à nous rapprocher de ces mystères et à y communier. Marie est liée à ce don de vie qu'est le Christ eucharistique dont fait mémoire la communauté ecclésiale qui célèbre.

Marie est à la première place parmi les élus dont nous demandons les prières et parmi lesquels nous demandons de prendre part. En chaque célébration eucharistique, l'Église invoque l'intercession de la mère du Seigneur. Elle fait mémoire de Marie, comme de Jésus. Son intercession constante avec celle du Christ au ciel est présente et active en toute célébration eucharistique. Dans l'Eucharistie, Marie prolonge à travers l'Église la demande de Cana: «ils n'ont plus de pain». Elle l'a fait en faveur de toute l'Église, elle répète constamment à son Fils: «ils n'ont plus de pain». À chaque messe, elle offre son intercession maternelle, glorieuse et puissante.

En introduisant Marie auprès de son Fils dans la célébration eucharistique, l'Église reconnaît la place qu'elle occupe dans la communion des saints et son rôle d'intercession. Associée à son Fils durant sa vie, elle continue à l'être et à agir dans l'Eucharistie. Et Marie au ciel est déjà «présente» d'une certaine façon dans le pain, car par son assomption, elle est déjà avec son corps dans le Christ de l'eschatologie.

Dans la première prière eucharistique (qui date du Ve siècle, à Rome), on dit: «Dans la communion de toute

l'Église, nous voulons nommer en premier lieu Marie…»
La troisième prière parle de la «bienheureuse Vierge
Marie qui ne cesse d'intercéder pour nous». La messe
est un temps fort de l'intercession de Marie.

Conclusion

Dans l'Eucharistie, Marie est toujours présente avec
son Fils. Elle y joue son rôle de co-rédemptrice et retourne avec lui dans la gloire du Père. Marie s'est certainement associée par son acquiescement aimant à l'offrande de son Fils le Jeudi saint. Cela était nécessaire
puisque déjà elle était associée à son Fils dans une communion totale à son mystère de mort, elle devait l'être
aussi dans sa résurrection. Puisque Jésus est présent dans
l'Eucharistie, Marie y est présente aussi, car son Fils l'a
associée à lui à la croix. Elle est présente dans la célébration eucharistique en tant que mère, en tant que reine
glorieuse et en tant qu'actuellement présente dans le
Christ ressuscité par son Assomption. L'événement des
noces de Cana est le signe et l'anticipation du banquet
eucharistique où les vrais époux sont le Christ ct Marie.

À la messe, Marie est présente et prend une part importante aux noces eschatologiques auxquelles nous sommes tous les invités, au banquet nuptial. En disant aux
serviteurs: «Faites tout ce qu'il vous dira», Marie parti-

cipe au commandement de son Fils: «Faites ceci en mémoire de moi.» Elle invite son Fils à donner aux fidèles le vin nouveau, son propre sang[4].

---

[4] On peut s'associer à l'Eucharistie en s'unissant aux mystères du rosaire. Il y a un lien entre ces mystères et le mystère de l'Eucharistie.

— Les mystères joyeux renvoient à la Vierge qui donne au Fils sa chair rédemptrice: annonciation, visitation, nativité, présentation et recouvrement. C'est la préparation du corps et de la victime.

— Les mystères douloureux soulignent l'aspect sacrificiel. Ils ont un lien avec l'offertoire et l'offrande de la victime dans l'amour: agonie, flagellation, couronnement, portement et crucifixion.

— Les mystères glorieux enfin parlent des bénéficiaires de la Rédemption et de l'Église naissante: résurrection, ascension, pentecôte, assomption de la Vierge et son couronnement au ciel.

Chapitre 14

L'EUCHARISTIE
ET LE SENS DE LA VIE[1]

Seigneur, apprends-moi à regarder l'univers, la création et les êtres humains avec ton regard, ton cœur et ta sagesse. Guide mon bras dans mon action, guide mon cœur dans ses discernements, conduis ma vie au cœur du sacrifice eucharistique pour que j'entre dans ta gloire avec le Christ Jésus, Notre Seigneur.

Les sacrements sont la révélation du mystère de Jésus Christ. Ils sont des gestes et des paroles dont le sens n'est pas immédiatement perceptible. Pour en lire le sens, il faut la foi, une foi éclairée et vivante. Une instruction ne suffit pas pour les comprendre; il faut entrer dans la célébration du sacrement et en vivre la réalité.

Un sacrement est un ensemble de gestes qu'une personne compétente accomplit et de paroles qu'elle prononce au nom du Christ. Geste que le Christ ressuscité,

---

[1] Je m'inspire de R. Coffy, *L'Eucharistie, parole nouvelle pour un monde nouveau*, pp. 105-134.

présent dans l'Église, pose et paroles qu'il prononce par l'intermédiaire d'une personne apte à le faire. Un sacrement est l'expression et la réalisation d'une intention du Christ. Je rencontre un ami; je tends la main; ce geste exprime mon intention de l'accueillir. De même, le prêtre prononce sur le pain et le vin, au nom du Christ, une parole et accomplit un geste qui expriment l'intention du Christ de se rendre présent et de venir en nous comme nourriture. Cette intention se réalise parce que la Parole de Dieu est efficace.

Dans un sacrement, le geste accompagné d'une parole qui en précise le sens est la révélation et la réalisation du mystère de salut. Il révèle l'intention de Dieu sur la personne, révèle ce qu'est l'être humain pour Dieu et à quelle destinée il l'appelle. Il y a une ressemblance entre le sacrement et la révélation. La vocation d'Abraham et de Moïse, la libération du peuple juif d'Égypte, révèlent Dieu. Ces actions éclairées par la parole d'un prophète ou d'un écrivain inspiré qui en dit le sens révèlent l'intention de Yahvé. Le sacrement est une intervention de Dieu dans notre vie. Il révèle le mystère de Dieu et le réalise au cœur de notre vie.

À partir de l'histoire du peuple juif éclairée par les Écritures, nous avons été attentifs à la révélation du mystère du Christ. En guise de conclusion, regardons le sacrement de l'Eucharistie. Cherchons ce qu'il nous révèle sur la liberté humaine, sur nos relations interpersonnelles, sur notre destinée et sur la création. Nous y trouverons la pleine réalisation de la révélation annoncée à travers l'histoire du peuple de Dieu.

La dynamique de la démarche eucharistique

La célébration eucharistique se déroule en trois temps: l'offertoire présente tout simplement les offrandes en les déposant sur l'autel. Puis c'est la consécration où le prêtre, signe sensible et Parole du Christ, accueille ces offrandes et les transfigure pour qu'elles deviennent son corps glorieux. La communion enfin est l'entrée du peuple chrétien, par l'action de l'Esprit Saint, dans le sacrifice qui établit le corps du Christ dans la communion trinitaire.

L'offertoire

Ce rite a revêtu des formes variées au cours des siècles. Saint Justin résume bien simplement le rite pratiqué au IIe siècle: après la liturgie de la Parole, «on apporte sur l'autel le pain et le vin». Au Moyen Âge, on apportait en procession les offrandes qu'on déposait dans le sanctuaire. Le prêtre prélevait ce qui était nécessaire pour la messe et distribuait le reste aux pauvres. La messe de saint Pic V a multiplié les prières d'offrande à saveur sacrificielle[2] dites par le prêtre. La messe de Paul VI revient à l'offertoire modeste de la tradition ancienne. Elle est une présentation du pain et du vin et non une

---

[2] C'était une déviation. L'offertoire était présenté comme une offrande sacrificielle. Or il n'est que le dépôt sur l'autel ou la présentation des offrandes. Il n'y a de sacrifice que celui du Christ. C'est pourquoi il faut le prêtre pour consacrer. C'est la prière consécratoire du prêtre, signe visible du Christ, qui réalise le sacrifice.

offrande sacrificielle. La liturgie byzantine distingue la «petite entrée» et la «grande entrée», deux processions solennelles où les prêtres apportent les Écritures (petite entrée) et les offrandes du sacrifice (grande entrée).

Sous ces rites, c'est toujours la même démarche qui est exprimée: on dépose sur l'autel le pain et le vin, produits de la terre transformés par le travail humain. Le pain et le vin représentent donc le peuple chrétien, son travail et les richesses naturelles. C'est l'homme concret, l'homme travailleur, l'homme vivant dans le monde et tirant de l'univers grâce à son travail ce dont il a besoin pour vivre, qui se présente devant Dieu: «Tu es béni Dieu de l'univers, toi qui nous donnes ce pain et ce vin, fruit de la terre et du travail des êtres humains.» Donc une attitude de dépouillement intérieur et de remise à Dieu de toute sa vie en la déposant sur l'autel.

La prière consécratoire

Sur ces offrandes, le prêtre amorce une longue prière qui s'adresse à Dieu le Père. Une prière où s'entrecroisent louange, adoration, demande de grâces, récit de la Cène, mémorial de la mort, de la résurrection et de l'ascension. Dans cette prière, le prêtre demande au Père d'envoyer sur ce pain et ce vin son Esprit Saint afin que les oblats deviennent le corps et le sang du Christ. Cette prière est efficace, car par le prêtre, c'est le Christ qui, en Église, l'adresse au Père.

Sous les espèces du pain et du vin, non seulement le Christ ressuscité se rend présent sur l'autel pour nous introduire dans son mystère de mort-résurrection, mais il assume dans son propre corps les offrandes déposées sur l'autel et tout ce qu'elles représentent. «Vous êtes le corps du Christ», disait saint Augustin.

La communion

Les chrétiens sont invités à manger le corps et à boire le sang du Christ en communiant au pain et au vin. Par ce geste, c'est au Christ ressuscité qu'ils communient. Celui-ci les conduit au Père. Ils participent au mystère dont ils ont fait «mémoire» et qui est rendu présent en eux. Ils annoncent le retour dans la gloire du ressuscité et la réalisent.

En mangeant ce pain, les chrétiens communient aussi entre eux. Ils accueillent l'unité que l'Esprit crée entre eux dans le Christ. Ils sont un seul pain. Ils s'engagent aussi à vivre cette unité (1Co, 16-17). Ils deviennent le corps spirituel du Christ.

Je résume le tout: le prêtre dépose sur l'autel le pain et le vin offerts par l'assemblée. Au nom du Christ, il prononce la prière consécratoire qui, par l'Esprit, fait de ce pain et de ce vin le corps et le sang du Christ. Les fidèles rassemblés participent, par là, au mystère de la mort et de la résurrection du Christ, ils accueillent l'unité que l'Esprit crée entre eux. Sa vie que chacun dépose sur l'autel lui est rendue, mais riche d'une nouvelle signification. En elle est maintenant incarné le Verbe glorieux rayonnant de la gloire du Père. La vie terrestre trouve sa pleine signification, elle est une traduction particulière en comportements humains de la vie du Verbe incarné. «Ce n'est plus moi qui vis, c'est le Christ qui vit en moi», disait saint Paul. Au gré de nos Eucharisties, se poursuit l'incarnation du Verbe en chacun des chrétiens et des chrétiennes.

La révélation du sacrement d'Eucharistie

Quiconque aborde cette démarche sacramentelle avec une foi vivante qui l'insère dans sa dynamique peut percevoir la révélation de Dieu sur le sens de la liberté, le sens de l'existence, le sens de la création et le sens de l'activité humaine.

Révélation du sens de la liberté

L'Eucharistie révèle le sens de la liberté. L'offertoire[3] se déroule en deux temps. Dans un premier temps, l'assemblée se dessaisit des biens matériels, refusant de se laisser emprisonner par eux et de trouver dans le sens immédiat des choses sa raison d'être. Dans un deuxième temps, elle dépose ces biens sur l'autel, choisissant de laisser Dieu exprimer sa plénitude en elle. La liberté est la possibilité offerte à l'être humain et par lui à la matière, de se recevoir du Père, comme et avec le Verbe

---

[3] L'offertoire n'est ni le don que nous faisons à Dieu de biens matériels dont il n'a guère besoin, ni un rituel d'offrande de soi comme dans l'Ancien Testament. Il est la remise totale, libre et aimante de soi et de la création au Seigneur pour qu'il poursuive son œuvre créatrice.

incarné, et d'entrer ainsi avec lui dans la communion de l'Esprit et la gloire du Père.

L'être humain est issu de la matière dont il est le couronnement. Il est, en quelque sorte, le cœur de la matière. Matériel lui-même, il parle au nom de la matière que Dieu a mise à sa disposition: «Dominez la terre...» La création matérielle est soumise aux êtres humains, pour que, par eux, elle soit introduite dans la vie du Christ glorieux. Dieu a besoin que le monde matériel «se reçoive» de lui par la libre adhésion de l'homme, pour que ce monde puisse être «assimilé» au Verbe qui «se reçoit sans cesse» de son Père. Dieu a besoin du «oui» de Marie pour que le Verbe s'incarne. Il a aussi besoin du «oui» des humains pour qu'en sa matérialité même il devienne fils ou fille de Dieu. «Vous, frères et sœurs, c'est à la liberté que vous avez été appelés», dit saint Paul (Ga 5, 13).

À l'offertoire, l'être humain *se dépouille* des biens matériels et *les dépose sur l'autel.* Il pose, par là, l'acte de liberté nécessaire pour que la matière entre en communion avec le Verbe. Bien qu'essentiellement terrestre (Paul dit «charnel»), il se dégage de sa dépendance matérielle et choisit de ne se recevoir que de Dieu. L'offertoire permet que du sein de la matière jaillisse l'acte aimant par lequel la création choisit de «se recevoir du Père» et s'identifie ainsi dans l'amour au Verbe incarné qui «se reçoit du Père» et se laisse emporter par son Esprit dans la gloire trinitaire. La liberté est la possibilité offerte à la créature matérielle d'être assumée pleinement par le Christ Jésus et emportée dans la vie trinitaire.

En créant les humains libres, Dieu leur laisse le pouvoir d'accueillir ou de refuser le cadeau de l'existence. Son acte libre est alors absolument la seule chose que l'être humain possède en propre. Il l'exerce dans sa vie au rythme du temps. Il ne possède la totalité de sa vie et n'épuise sa liberté qu'à la fin de son existence terrestre dans le choix final qui scelle son éternité. L'offertoire est l'exercice de ce choix dans le moment présent.

Le dimanche trouve là son sens: il est le jour de la célébration eucharistique. Un temps de recul, un temps où le chrétien prend de la distance à l'égard du monde pour se re-situer librement dans le projet de Dieu. C'est un temps de repos en Dieu pour affiner sa liberté.

L'assemblée doit donc se situer dans une attitude de pauvreté d'esprit et de cœur, une attitude d'adoration indispensable à la liberté. Cette attitude rend disponible à Dieu et permet d'entendre sa Parole. Pour entendre, il faut un silence intérieur, il faut se couper du «bruit», qui sollicite son attention et qui emprisonne. L'offertoire est un geste qui jaillit d'un cœur et d'un esprit libre conduit par l'amour. L'assemblée n'est pas devant un Dieu maître de l'univers, mais devant un Dieu père dont l'amour est prêt à éclater et à envahir qui le reçoit. «Fais-toi soif, je me ferai torrent», dit Dieu.

Révélation du sens de l'existence

Par la consécration et la communion, Dieu nous révèle le sens de notre existence humaine. Il nous dit que les humains sont gratuitement appelés à vivre en communion avec Lui et avec leurs frères.

L'être humain est appelé à vivre dans l'intimité de Dieu

La consécration nous révèle la gratuité du projet de Dieu. L'assemblée dépose le pain et le vin sur l'autel et attend l'intervention de Dieu. Celle-ci se manifeste par l'action sacramentelle du prêtre. La prière consécratoire est celle du Christ exprimée dans le signe du prêtre: «Ceci est mon corps [...] ceci est mon sang.» C'est Dieu qui vient gratuitement à notre rencontre, non l'inverse. Nous sommes pécheurs, impuissants; Dieu prend l'initiative de franchir la distance qui nous sépare. Nous sommes sous le régime de la grâce et de la gratuité. À l'offertoire, nous avons reconnu que les biens sont dons de Dieu, que l'univers est gratuit et créé par amour. Notre existence et notre croissance sont aussi dons de l'amour. L'Eucharistie nous libère de l'angoissante question: «Que vaut ma vie? À quoi est-ce que je sers?» Elle nous situe dans la réalité profonde de notre être. Elle nous révèle que l'être humain ne vaut pas par ce qu'il sait, ce qu'il fait ou ce qu'il possède, mais par ce qu'il est. Et il est, il vit, il existe dans le présent et le quotidien qu'il porte. La vie est grâce… la seule réponse possible est l'amour, l'abandon et l'action de grâce.

La communion nous révèle la destinée de l'existence humaine. En Jésus, Dieu est devenu l'un de nous. L'Eucharistie nous révèle que sa présence, qui se réalise pour nous sous forme de nourriture, nous invite à une intimité dont le geste même de la manducation exprime la profondeur. J'ai entendu une mère bécotant son bébé lui dire: «Je t'aime tellement que je te mangerais.» Dans cette rencontre, nous nous découvrons aimés de Dieu, de sa race même et de sa famille… «La gloire de Dieu, c'est un humain bien vivant et la vie de l'homme, c'est de voir Dieu[4].» Nous sommes appelées à vivre dans la communion du Père, du Fils et de l'Esprit. Dieu nous révèle que l'être humain est plus qu'un humain, qu'il est un fils, une fille de Dieu.

D'ailleurs, l'Eucharistie est aussi un repas. Pour parler du Royaume de son Père, le Christ utilise l'image du banquet. Il établit un lien entre la Pâque avec les apôtres et la gloire du ciel (Lc 22, 14-18). «Je ne mangerai plus cette Pâque jusqu'à ce qu'elle soit accomplie dans le Royaume de Dieu.» (Lc 22, 16) Le Royaume de Dieu en sa réalisation nous est présenté comme un festin qui rassemble les enfants autour du père dans la joie de la famille. Le repas eucharistique est eschatologique: il annonce déjà la réalisation commencée de cette réunion des êtres humains dans la gloire de Dieu. Célébrer

_____

[4] «Gloria Dei, vivens homo; vita autem homins est Deum videre», saint Irénée.

l'Eucharistie, c'est déjà accueillir le Royaume de Dieu. Au ciel nous connaîtrons le Père dans le Fils et nous l'aimerons dans l'Esprit; nous serons au sens absolu «dans» la famille trinitaire.

L'être humain est appelé
à vivre la communion fraternelle

La communion au Christ nous révèle que nous sommes destinés à vivre en communion avec nos sœurs et nos frères. Nous sommes tous un seul corps parce que nous mangeons un pain unique. Un grain de blé seul ne peut être pain. L'Eucharistie est le sacrement de l'unité; d'une unité exprimée, non d'une unité totalement réalisée. Donc l'Eucharistie nous est donnée pour mieux nous aimer. Nous ne célébrons pas notre unité et notre fraternité, mais une unité et une fraternité qui nous sont données comme le pain, une unité et une fraternité que Dieu crée par son Esprit et qui transfigurent nos relations quotidiennes. La communion ne sera réalisée pleinement qu'au ciel, quand Dieu sera tout en tous et que tous seront un dans le pain, dans le Christ.

Ce qui nous est donné dans l'Eucharistie, c'est une force intime qui nous permet de réaliser une nouvelle unité dans l'Esprit. C'est le devoir et le pouvoir d'aimer même l'étranger et l'ennemi… de réaliser l'unité au-delà du pardon… L'Eucharistie doit donc être offerte à tous ceux qui l'accueillent dans la foi, quels qu'ils soient. Plus les gens rassemblés sont différents, plus apparaît la force qui nous rassemble. L'importance du rassemblement global, ecclésial au-delà de l'amitié et des idéologies, pour se retrouver et chanter l'espérance du Royaume et de la communion fraternelle est évident. Ce rassemblement rappelle que la communion est un don à accueillir. Le père Teilhard de Chardin aimait participer à l'Eucharistie, perdu au milieu de la foule bigarrée et anonyme de gens de diverses races, cultures et conditions sociales, où la puissance de la charité éclate.

L'Eucharistie nous révèle donc que le projet de Dieu est gratuit; que l'être humain est appelé à s'asseoir à la table du Père avec ses frères et sœurs et que Dieu appelle tous les humains à cette intimité.

Révélation du sens de l'univers

En déposant sur l'autel le pain et le vin, nous mettons une distance entre nous et la création. Distanciation n'est pas rejet. Ce recul est une libération intérieure pour mieux accueillir le projet de Dieu et nous mettre plus sûrement à son service. Dieu s'exprime alors. Il transforme, sans les détruire, le pain et le vin dont les apparences demeurent. Qu'est-ce que Dieu nous signifie par là? Il nous révèle que pour participer au mystère de mort-résurrection du Christ et pour être unis les uns aux autres en Jésus Christ, il faut passer par le pain et le vin qui sont proprement sacrement de Dieu. Il nous révèle que nous ne rencontrons pas Dieu hors de ce monde. Nous ne pouvons pas faire une expérience immédiate de Dieu. Dieu, nous le rencontrons à travers la création, à travers le pain et le vin. Chacun trouve le ressuscité dans sa Galilée. «Vous le verrez en Galilée.» (Mc 16, 7)

Du même coup, tout le sens de la création nous est révélé: la création est essentiellement le sacrement de Dieu. Elle est le lieu de sa présence agissante. Les richesses de la création sont nourriture pour le corps et aussi pour l'esprit. Elles sont le chemin vers Dieu. Dans la célébration eucharistique, le pain et le vin — qui représentent toutes les richesses de la nature — sont devenus le moyen de communier au Christ et de cheminer vers le Père. C'est ainsi que toute créature doit être accueillie dans la vie quotidienne: comme moyen d'aller à lui, de le rencontrer et de communier à Dieu. Nous devons utiliser toute créature dans la mesure où elle nous conduit à Dieu et nous en abstenir dans la mesure où elle nous en éloigne.

Comme le pain et le vin sont pour les humains le moyen de communier les uns aux autres et à Jésus Christ, ainsi, dans le regard de Dieu, toutes les richesses de la terre sont facteurs de communion fraternelle: on ne peut communier au Christ sans communier à ses frères. «Il ne faut pas séparer le sacrement du frère et le sacrement du pain», disaient les Pères de l'Église. L'Eucharistie, comme tout sacrement, révèle la grandeur de la création matérielle. La matière, pain, huile, eau, vin… tient une place essentielle dans les gestes par lesquels le Christ nous rassemble et nous sanctifie. La matière en soi est bonne. Elle est route de communion et sacrement de Dieu.

Participer à l'Eucharistie exige donc de nous la justice et le partage pour que tous aient accès aux richesses. La guerre, la révolution et l'écrasement des humains s'enracinent toujours dans la domination et la possession. Ils paralysent le projet de Dieu. Participer à l'Eucharistie et ne rien faire pour une répartition des biens qui soit créatrice d'unité et de justice entre les humains, c'est faire mentir l'Eucharistie. La spiritualité chrétienne n'en est pas une d'évasion mais d'incarnation. La «pratique religieuse» est plus qu'une présence physique à la messe; elle est un engagement au partage et à la justice; elle est vie.

Révélation du sens du travail

Le pain et le vin viennent aussi du travail humain. Symboliquement, le travail de tous les humains est présent dans le pain. Sans le travail, pas d'Eucharistie... sans le travail, le salut ne peut rejoindre tous les individus, par tous les temps et dans tous les lieux.

Par la prière eucharistique, le travail qui prépare le pain et le vin prépare aussi le corps du Christ et la présence du ressuscité dans nos vies. Pour le peuple, le moyen privilégié pour rencontrer Jésus Christ, pour communier au Christ, à ses frères et à ses sœurs, c'est la solidarité, le travail commun, l'entraide fraternelle. Ce que le travail a accompli devient nourriture spirituelle, moyen d'entrer en relation avec Dieu et de créer des relations nouvelles entre nous. Le laboureur et le camionneur — à leur insu, peut-être — ont accompli des tâches dont la signification et la finalité ultime leur échappent. Mais l'Eucharistie nous révèle le sens de *tout* labeur humain.

L'Eucharistie nous révèle donc la grandeur du travail et de la matière. L'activité humaine transforme la nature, elle l'humanise. Par là, elle favorise les relations entre les êtres humains et les peuples. Elles les libère des contraintes physiques et des emprisonnements de la matière. Elle libère l'esprit. Elle est le moyen de réaliser l'humanisation du monde, la libération et la pleine transformation des êtres humains.

Le métropolite Ignace de Lattaquié regarde la réalisation eschatologique du projet de Dieu, quand il écrit: «Ce qui disparaîtra, ce n'est pas ce monde, cette merveille de la Parole créatrice, mais la mort. Ce ne sera pas l'anéantissement du labeur des générations humaines, mais sa Transfiguration définitive. C'est en vue de cette ultime Épiclèse que l'Esprit Saint nous rassemble.» C'est d'ailleurs le sens de l'expression «croire en la résurrection de la chair». Toute la beauté, la richesse, la splendeur que l'activité terrestre des hommes a produite sera récupérée dans sa plénitude totale à la fin des temps. Seules les limites de la matière et ses séquelles disparaîtront.

Conclusion: Eucharistie et Royaume de Dieu

Le père Martelet résume magnifiquement l'espérance qui anime la foi du chrétien: «Dans l'Eucharistie, il n'arrive rien d'autre à un double élément de ce monde que ce qui doit arriver au monde entier et à l'homme lui-même, quand on les considère à la lumière de la Résurrection. Grâce à elle, en effet, le Christ est devenu l'identité ultime de l'homme dans la vertu de l'Esprit Saint. "Je vis, non pas moi, le Christ vit en moi", nous répète saint Paul (Ga 2, 20). Le monde quant à lui, est fait pour devenir eschatologiquement le corps du Christ, qui fait du monde en son incarnation, un constituant essentiel de sa Personnalité éternelle de Fils. Révélée comme *déjà* possible mais *encore* attendue dans sa manifestation, la réalité du monde comme corps du Christ ressuscité est ce vers quoi doit tendre le travail de l'homme et de la création entière. C'est cette réalité du monde comme corps du Christ ressuscité que l'Eucharistie nous donne dans les signes[5].»

L'Eucharistie est révélation du sens de la liberté, de l'existence, de la nature et du travail. Elle révèle aussi le sens de l'histoire. À la Cène, Jésus rappelle la relation entre l'Eucharistie et le Royaume réalisé dans la gloire. C'est ce que nous rappelle saint Paul: «Toutes les fois que vous mangez ce pain et que vous buvez cette coupe, vous annoncez la mort du Seigneur jusqu'à ce qu'il vienne.» (1 Co 11, 26) Pour Paul, l'achèvement du Royaume, c'est «Dieu tout en tous» (1 Co 15, 28). L'Eucharistie préfigure l'inauguration du Royaume. Dieu se rend présent comme nourriture dans l'intime de nos êtres. Ce qui sera à la fin des temps est inauguré. La

---

[5] Gustave Martelet, *Résurrection, Eucharistie et genèse de l'homme*, Paris, Desclée, 1979, p. 192.

matière transfigurée devient lieu d'une présence particulière de Dieu, trait d'union entre Dieu et les humains
et aussi entre les humains eux-mêmes. Cela grâce à la
consécration, à l'intervention de Dieu. Nous accueillons
le Royaume de Dieu, mais par notre activité libre, nous
rendons le monde capable de l'accueillir. L'Eucharistie
est au cœur du mystère chrétien. Elle est le sacrement de
l'action de Dieu en nous et par nous. Elle est le sacrement de notre engagement dans le monde et pour que le
monde devienne, comme l'hostie, moyen de rencontre
entre les humains et moyen aussi de rencontre avec Dieu.

Je communie debout,
comme le prêtre qui offre le sacrifice.
Le prêtre me confie l'hostie pour que je puisse communier au corps du Christ et aux autres, pour que par
ma vie et par mon travail, je le fasse croître.
Je l'accepte librement de mes propres mains,
acquiesçant ainsi à son sacrifice.

✳✳✳

Prêter son cœur aux choses

*Je m'apprêtais à déjeuner. Dans l'abondante cor-
beille de fruits, je choisis une magnifique pomme rouge
et je suis en passe de la couper quand je l'entends s'ex-
clamer: «Oh! que je suis heureuse!» Tout étonné, je réponds: «Quoi! Je vais te manger et... tu es heureuse?»
— «Mais oui, je suis très heureuse.» — «Je ne com-*

prends pas! Ce n'est tout de même pas d'entrer chez les jésuites qui te rend si heureuse. Je t'avoue mon étonnement.»

«Pourtant, c'est si simple, tu devrais comprendre. Toute ma vie est bâtie sur un rêve merveilleux que j'ai fait. Celui de devenir la plus belle pomme de la terre. Autrefois, j'étais une petite fleur blanche dans un pommier. C'est alors que j'ai fait le rêve de devenir la plus merveilleuse pomme du monde. Je me faisais attirante pour les gros bourdons aux pattes gonflées de pollen; j'étalais mes pétales devant eux pour les séduire. Un jour, l'un d'eux a échappé un grain de pollen sur le stigmate de mon pistil. Et c'est ainsi que j'ai été fécondée. J'ai alors laissé mourir mes pétales. Elles avaient terminé leur travail. Et peu à peu... je suis devenue une minuscule pommette. Et grand Dieu! que je me suis donné du souci pour devenir belle. Jour et nuit, j'ai sucé la sève pour me nourrir et me développer. Quand le vent se faisait violent, je me protégeais et m'agrippais à mon pétiole pour résister. Peu à peu, j'ai grossi. Je suis devenue une belle grosse pomme. J'ai alors exposé toutes mes joues au soleil pour rougir, pour mûrir également partout et pour devenir la plus belle du verger. Un beau jour — j'étais toute fière de moi —, le pomiculteur est venu. Il a choisi les plus belles pommes... et j'étais du nombre! Plus tard, quand la cuisinière à préparé la corbeille, c'est moi qu'elle a mise sur le dessus du plateau. J'étais toute heureuse. Puis tu es arrivé. Tu as choisi... et c'est moi que tu as préférée. Je suis heureuse, très heureuse; tu vas vraiment couronner ma vie.»

«C'est beau ça, que je lui réponds, mais je ne comprends toujours pas pourquoi tu es si heureuse.» — «Pourquoi je suis heureuse? Mais c'est que je vais être mangée par quelqu'un qui se tournera vers Dieu... pour lui dire merci et pour reconnaître ce qu'il a fait de beau et de bon en me créant. Je vais vraiment atteindre le sommet d'une vie de pomme. Pauvre petite pomme que je suis, je ne peux pas dire à Dieu que son œuvre est belle et bonne. La seule gloire que je puisse lui apporter, c'est de me préparer à être mangée. Je suis faite pour ça. Mais tu me permets de le glorifier encore davantage. Toi, intelligent, capable d'apprécier et d'aimer... tu lui diras merci, tu reconnaîtras sa grandeur et sa bonté. Tu lui diras: "Tu es béni, Dieu de l'univers, toi qui as créé cette pomme, fruit de la terre." Tu vas couronner tout le travail que j'ai accompli. C'est pour ça que je suis heureuse.»

J'étais encore tout perdu dans mon rêve, regrettant d'avoir si souvent oublié de prêter mon cœur et ma bouche aux choses pour dire merci à Dieu, oublié de prêter mon intelligence pour admirer leur beauté, de leur prêter mon cœur pour dire à Dieu que je l'aime et qu'à sa façon, la création l'aime. Pourtant, les créatures ne peuvent atteindre ce sommet qu'en passant par mon cœur.

L'être humain est vraiment le sommet de la création!

Conclusion

L'EUCHARISTIE
DANS LE PROJET CRÉATEUR

Toutes les fois que vous mangez ce pain et que vous buvez cette coupe, vous annoncez la mort du Seigneur, jusqu'à ce qu'il vienne. (1 Co 11, 26)

Le Christ prend le pain et le vin, fruits de la terre et du travail des êtres humains; le pain qui entretient la vie élémentaire, le vin qui exalte la fraternité et l'ivresse de vivre. En les assumant, il dit «oui» à la vie, à l'histoire et à la joie de vivre. Et ce «oui» est l'écho de la Parole créatrice du Père qui a fait déborder sa propre vie dans l'univers cosmique. Le Christ dit «oui» à la création matérielle, au travail des hommes et des femmes pour s'approprier l'univers et à leurs efforts pour rassembler l'humanité dans la communion de l'Esprit.

Ce «oui» est plus qu'un acquiescement. Par lui, le Christ s'empare de l'univers matériel et du labeur humain pour en faire son corps glorieux. Par la consécration séparée du pain et du vin, qui rend présentes sa mort et sa résurrection dans tous les coins de l'univers et du temps, il assume dans sa propre mort les semences de mort enfouies dans l'histoire pour en transfigurer les fruits en son corps glorieux. Par l'action de son Esprit, il transforme eschatologiquement la réalité cosmique et culturelle. Il en fait un constituant essentiel de sa personnalité cosmique et culturelle, de sa Personnalité éternelle de Fils de Dieu.

Depuis les origines du monde, il y a quinze milliards d'années, jusqu'à la Parousie, de l'alpha à l'oméga, à travers l'histoire humaine, par l'incarnation du Verbe et l'action de l'Esprit, un seul projet grandiose se déroule, un seul sacrifice s'accomplit: le retour à la communion du Père dans l'Esprit. «La création gémit maintenant encore dans les douleurs de l'enfantement.» (Rm 8, 22) L'Eucharistie rend présent dans toutes les cultures et sur toutes les terres habitées l'unique sacrifice accueilli par le Père. Elle entraîne dans sa montée vers le Père, le cosmos, les humains et leur travail. Elle prépare la libération totale de l'univers. «La création, elle aussi, sera libérée de l'esclavage de la corruption.» (Rm 8, 21)

Mais alors la couche humaine de la terre est entièrement et perpétuellement sous l'influx dynamique et organisateur de l'Esprit du Verbe incarné. Le Christ contrôle l'organisation du plérôme qui se réalise au-delà des puissances de mort manifestées dans la réalité terrestre de l'être humain. Il donne un sens au déroulement des événements. À travers la vie du monde, de l'histoire et des humains, le dynamisme de l'Esprit se déploie dans le temps.

En un sens bien réel, l'hostie assimile l'univers cosmique et culturel pour en faire le corps glorieux du Christ. Les espèces sacramentelles, c'est la totalité du monde, et la consécration dure aussi longtemps que se déroule la création. «C'est en Christ que nous avons la vie, le mouvement et l'être» (Ac 17, 28) et notre entrée dans sa vie entraîne avec elle toute la réalité cosmique et culturelle.

La vie de la Trinité se déploie et s'étale dans le temps. L'amour gratuit, éternel et créateur du Père s'exprime dans l'univers matériel et temporel. Le Verbe, le Fils éternel du Père, s'est incarné dans cet univers pour que rien de l'amour du Père ne se perde. En s'incarnant dans notre monde, le Verbe prend sur ses épaules toute la création et tous les êtres humains pour les ramener par son Esprit dans l'unité de l'être de Dieu. Une seule réalité s'affirme comme «contenant toutes choses», la Trinité Sainte. La montée sera couronnée au ciel, où nous connaîtrons le Père dans le Verbe incarné, nous l'aimerons dans l'Esprit et, par nous, l'univers entier réconcilié avec le Christ resplendira de la gloire même de Dieu.

Au commencement était le Verbe, et le Verbe était tourné vers Dieu, et le Verbe était Dieu. Il était au commencement tourné vers Dieu. Tout fut par lui, et rien de ce qui fut, ne fut sans lui. En lui était la vie et la vie était la lumière des hommes... À ceux qui l'ont reçu, à ceux qui croient en son nom, il a donné le pouvoir de devenir enfants de Dieu. Ceux-là ne sont pas nés du sang, ni d'un vouloir de chair, ni d'un vouloir d'homme, mais de Dieu. Et le Verbe fut chair et il a habité parmi nous et nous avons vu sa gloire, cette gloire que, le Fils unique plein de grâce et de vérité, il tient du Père. (Jn 1, 1-4; 12-14)

Le père nous a arrachés au pouvoir des ténèbres et nous a transférés dans le Royaume du Fils de son amour; en qui nous avons la délivrance, le pardon des péchés. Il est l'image du Dieu invisible, Premier-né de toute créature, car en lui tout à été créé, dans les cieux et sur la terre, les êtres visibles comme les invisibles... Tout est créé par lui et pour lui, et il est lui, par devant tout; tout est maintenu en lui, et il est, lui, la tête du corps, qui est l'Église. Il est le commencement, le Premier-né d'entre les morts, afin de tenir en tout, lui, le premier rang. Car il a plu à Dieu de faire habiter en lui toute la plénitude et de tout réconcilier par lui et pour lui, et sur la terre et dans les cieux, ayant établi la paix par le sang de sa croix. (Col 1, 13-20)

TABLE DES MATIÈRES

Collection

SÈVE NOUVELLE

Achevé d'imprimer
en septembre 2000 sur les presses de
Imprimeries Transcontinental inc.,
division Métrolitho

Imprimé au Canada — Printed in Canada